中国经济文库
应用经济学精品系列

本书受到国家自然科学基金重大项目课题“新时代战略性关键矿产资源安全与管理政策研究（项目编号:71991482）”资助

铁矿石价格波动及其溢出效应研究

刘凯雷　成金华◎著

RESEARCH ON PRICE FLUCTUATION OF IRON ORE AND ITS SPILLOVER EFFECT

中国经济出版社
CHINA ECONOMIC PUBLISHING HOUSE
·北 京·

图书在版编目（CIP）数据

铁矿石价格波动及其溢出效应研究 / 刘凯雷，成金华著. --北京：中国经济出版社，2023.10

ISBN 978-7-5136-7480-5

Ⅰ. ①铁… Ⅱ. ①刘… ②成… Ⅲ. ①铁矿物-价格指数-研究-中国 Ⅳ. ①F724.742

中国国家版本馆 CIP 数据核字（2023）第 184073 号

责任编辑　黄傲寒
责任印制　马小宾
封面设计　任燕飞装帧设计工作室

出版发行　中国经济出版社
印 刷 者　北京柏力行彩印有限公司
经 销 者　各地新华书店
开　　本　710mm×1000mm　1/16
印　　张　13
字　　数　178 千字
版　　次　2023 年 10 月第 1 版
印　　次　2023 年 10 月第 1 次
定　　价　88.00 元
广告经营许可证　京西工商广字第 8179 号

中国经济出版社 **网址** www.economyph.com **社址** 北京市东城区安定门外大街 58 号 **邮编** 100011
本版图书如存在印装质量问题，请与本社销售中心联系调换（联系电话：010-57512564）

前 言

PREFACE

社会经济发展与矿产资源密不可分。在矿产资源中，铁矿石从古至今都是人类文明发展的重要物质基础，以铁矿石锻造而成的钢铁更是世界各国工业的重要原材料之一。随着我国经济迅猛发展，我国钢产量从1949 年的 15.8 万吨、仅占全球总产量的 0.1%，发展到 2020 年的10.65 亿吨、占全球总产量的 56.7%。我国钢铁产量连续多年稳居全球第一位。随着钢铁工业的迅猛发展，我国已成为世界铁矿石需求、消费大国。然而，我国在国际上的铁矿石定价话语权较弱，使得我国在铁矿石进口贸易中蒙受损失。2020 年以来，铁矿石价格持续上涨，至 2021年 5 月，铁矿石综合价格已涨至 1633 元/吨，相较新冠疫情前上涨了1.37 倍，导致我国 2020 年前 11 个月的铁矿石进口贸易损失高达 612 亿美元，严重威胁我国钢铁行业平稳、健康发展。

传统供给需求理论认为，供给和需求决定商品的价格，而在铁矿石市场中，传统供给需求理论对铁矿石价格波动的解释能力稍显不足。这是由于国际铁矿石供给被少数寡头企业控制，高度垄断的铁矿石市场存在诸多投机、信息不对称等现象。此外，全球各地突发事件的冲击，导致铁矿石供应链混乱、金融股票市场低迷、不确定风险加剧。由此，铁矿石价格剧烈波动，严重威胁我国铁矿石供给安全。在此大背景下，铁矿石价格波动的影响因素有哪些，铁矿石价格波动会如何传导，铁矿石价格波动对其下游产业有哪些影响，这些影响造成的波动会不会危及国家安全，成为亟待探究的重要科学问题。本书分别利用 MSVAR 模型、VAR-BEKK-GARCH 模型、长面板固定效应模型和长面板动态模型对铁矿石价格波动特征和影响因素、铁矿石价格波动溢出效应和铁矿石价格波动对钢铁产业的影响展开研究。

本书主要结论如下：

第一，国内铁矿石产量、铁矿石进口量、粗钢产量、Shibor 隔夜拆借利率、铁矿石港口库存、石油价格和海运费均对铁矿石价格波动有明显影响。当铁矿石价格处于下降状态时，国内铁矿石产量对铁矿石价格具有显著负向影响，铁矿石港口库存对铁矿石价格具有显著负向影响；当铁矿石价格处于平稳状态时，国内铁矿石产量对铁矿石价格具有显著正向影响；当铁矿石价格处于上升状态时，国内铁矿石产量对铁矿石价格的影响围绕零点上下波动，铁矿石港口库存对铁矿石价格具有显著正向影响。此外，无论铁矿石价格处于下降、平稳，还是上升状态，铁矿石进口量均对铁矿石价格具有显著负向影响，粗钢产量对铁矿石价格具有显著正向影响，Shibor 隔夜拆借利率对铁矿石价格具有显著负向影响，石油价格和海运费均会对铁矿石价格产生显著正向影响。

第二，在铁矿石价格空间溢出效应方面，进口铁矿石市场对国产铁矿石市场存在单向均值溢出效应；同时，进口铁矿石市场和国产铁矿石市场之间存在双向波动溢出效应。在铁矿石价格垂直溢出效应方面，国内钢材市场对进口铁矿石市场存在单向均值溢出效应，而国内钢材市场和国内铁矿石市场之间不存在均值溢出效应；国内钢材市场对进口铁矿石市场存在单向波动溢出效应，国内钢材市场和国内铁矿石市场之间存在双向波动溢出效应。

第三，无论在静态分析还是在动态分析下，国内铁矿石价格和国际铁矿石价格均对国内钢铁企业粗钢产量具有显著的负向影响，并且国际铁矿石价格对国内钢铁企业粗钢产量的负向影响比国内铁矿石价格的负向影响大，国际铁矿石价格对国内钢铁企业粗钢产量存在非对称影响。此外，根据动态影响分析，国内钢铁企业粗钢产量具有黏性，国内铁矿石价格的滞后一期对国内钢铁企业粗钢产量也具有显著负向影响。

基于以上结论，本书提出了保障国内铁矿石供给，加快国内铁矿石采掘行业技术升级，加快构建国内钢铁企业原材料价格风险管理体系和合理推动国内钢铁企业并购重组等政策建议。

本书主要创新点如下：

第一，分析了铁矿石市场价格波动特征和各影响因素在不同区制状态中对铁矿石价格波动的影响作用及其非对称性。根据铁矿石市场价格波动特征将铁矿石价格分为价格上升期、价格下降期和价格平稳期三个区制，进而运用动态、非线性 MSVAR 模型研究各因素在不同区制状态中对铁矿石价格波动的影响方向与幅度。该模型除综合考虑供需、金融、成本等因素外，还将投机因素纳入分析框架，并用铁矿石港口库存这一指标表征市场中的投机因素。

第二，将铁矿石价格波动在产业链中的溢出效应纳入研究范畴，并利用 VAR-BEKK-GARCH 模型探讨铁矿石价格溢出效应中的均值溢出效应和波动溢出效应，弥补了前人只关注不同市场间的空间溢出效应的研究缺陷。

第三，将铁矿石价格波动内化为钢铁企业的生产成本，从企业利润最大化角度研究铁矿石价格波动对钢铁企业的影响。钢铁企业的生产除了受到供求关系的影响，还受到钢铁、铁矿石等大宗商品市场价格信号的影响。在全球钢铁需求稳定的背景下，钢铁企业对铁矿石价格波动信号的敏感程度尚不明确，铁矿石价格波动对钢铁企业生产有多大影响，以及对不同规模钢铁企业的影响是否存在差异，也值得研究。因此，本书采用国内钢铁行业上市企业月度粗钢产量和国内、国际铁矿石月度价格指数构建面板数据，研究铁矿石价格波动对钢铁企业的影响。

目 录

CONTENTS

第一章

绪　论

第一节 研究背景、目的及意义

一、研究背景

世界各国经济发展均与矿产资源密不可分，矿产资源供给安全一直是世界各国面对的一大难题。在气候变化、资源危机、人类健康、地缘冲突、全球治理、可持续发展等方面的重大挑战中，矿产资源都扮演了十分重要的角色。中国是矿产资源大国，主要矿产产量和消费量均居世界前列。改革开放40余年来，我国经济迅速腾飞，综合国力不断增强，丰富的矿产资源是重要客观条件之一。合理规划和利用矿产资源，对我国经济高质量发展具有重要意义。当前，我国正处在经济、文化、社会变革的历史时期。2014年，习近平总书记提出“总体国家安全观”，把资源与政治、国土、军事、经济、文化、社会、科技、信息、生态和核等重点领域的安全并列，凸显国家对资源安全的高度重视。矿产资源供给安全从作为化解资源供给风险的发展需要，到成为生态文明建设的内在要求，再到成为积极主动参与全球矿产资源治理的现实需要，正在发生深刻变化。

矿产资源中的铁矿石从古至今都是人类文明发展的重要物质基础之一，相较于铜，铁的硬度和韧性更高，代表了更高的生产力水平。在人类发展史中，更是以冶铁技术的诞生为标志划分出了铁器时代，而我国早在3500年前就进入了铁器时代。从那时起，华夏文明就开始了对铁这一自然资源的开发利用。近代以来，钢铁是国民经济建设中一种非常重要的金属，被广泛应用于制造业、军事工业、建筑业、轻工业和交通运输业等各个领域，成为一国工业化的重要原材料。长期以来，衡量一国工业化水平的重要指标之一就是钢产量。目前，我国已成为世界铁矿石需求、消费大国。与铁矿石消费量世界第一形成鲜明对比的是，在国际铁矿石价格方面，我国并没有足够的定价权，这导致我国在铁矿石国际贸易中处于被动和劣势局面。现阶段，我国钢铁行业形势主要有以下三个特点：

第一，我国铁矿石需求量保持在高位，国内保障程度不高，铁矿石对外依存度高的现象将长期存在。自改革开放以来，我国经济迅速腾飞，因经济建设需要，全国钢铁需求量实现跨越式增长。过去十几年间，因钢铁需求量猛增，我国铁矿石需求量达到全球第一。近几年，受新冠疫情等突发事件和“碳达峰”“碳中和”等相关政策影响，我国铁矿石需求量降低。但随着经济的复苏，铁矿石需求量有所回升；“碳达峰”“碳中和”等环保政策的要求，将进一步优化钢铁行业布局，进而影响铁矿石需求格局，促使铁矿石需求发生结构性变化。在此背景下，未来我国铁矿石需求量仍将保持在高位。

我国铁矿石资源储量位居世界第四，铁矿石资源分布广泛，但需要注意的是，由于我国铁矿石资源多为贫矿，铁矿石品位不高，造成我国铁矿石储量“大而空”的局面。同时，由于我国经济发展迅猛，铁矿石产量远无法实现自给，加之短流程炼钢工艺占比低，废钢无法对铁矿石形成有效替代。另外，由于越发收紧的环保政策要求，我国对于高品位铁矿石的需求量增加，为弥补国内高品位铁矿石产量缺口，对其的进口量将加大。客观来讲，我国铁矿石对外依存度高的现象可能仍将长期存在。

第二，铁矿石价格上扬严重挤压我国钢铁行业利润。2009—2010 年，铁矿石定价机制谈判破裂，铁矿石定价机制由长协定价机制转为指数定价机制，铁矿石综合价格由 458.24 元/吨上涨至 1089.98 元/吨，涨幅高达 138%，导致我国铁矿石进口贸易处于不利状态。随着铁矿石价格持续上涨，我国铁矿石进口贸易损失将逐年扩大。特别是受新冠疫情和“碳达峰”“碳中和”政策的影响，铁矿石价格剧烈上涨。2019 年 12 月，铁矿石综合价格在 690 元/吨左右。2021 年 5 月，铁矿石综合价格暴涨至 1633 元/吨，上涨了 1.37 倍，导致我国 2020 年前 11 个月铁矿石贸易损失高达 612 亿美元，远超过 2014—2019 年年均损失 306 亿美元的水平。在此影响下，钢铁行业利润被严重压缩。目前，全球钢产量约为 20 亿吨，我国就占了一半，达到 10 亿吨，但在如此大的体量下，我国重点钢铁企业销售利润率却仅为 3.79%。

第三，我国钢铁行业市场集中度低、短流程炼钢工艺占比不高，不利于掌握国际铁矿石定价话语权。中国作为铁矿石进口大国，在过去很长的时间内，是国际铁矿石贸易中的主要买家，但国际铁矿石定价权却不在中国手中，而是掌握在国际四大矿商手中，体现为普氏铁矿石价格指数。尽管我国铁矿石需求量在世界铁矿石总需求量中占比较高，但受限于我国钢铁行业市场集中度偏低，我国钢铁企业在铁矿石谈价议价中无法形成合力，丧失了体量优势。在实际生产中，我国钢铁企业往往只能高价进口铁矿石，此现象严重影响我国经济平稳运行。国际铁矿石供给被高度垄断，澳大利亚和巴西作为中国铁矿石主要的供给国，2020 年其铁矿石出口量分别占中国总进口量的 67% 和 25%。世界范围内，铁矿石被巴西淡水河谷、澳大利亚必和必拓与 FMG、英国力拓集团四大矿商垄断，进一步削弱了我国矿企、钢企在铁矿石价格谈判上的能力。此外，短流程炼钢工艺可通过废钢重炼技术降低铁矿石需求量，同时降低炼钢过程中的碳排放，但我国短流程炼钢工艺占比仅为 10%，与美国等发达国家仍存在较大差距。

为解决我国铁矿石资源需求与供给之间的矛盾，我国从“十二五”期间开始实施矿产资源“走出去”战略，在全球范围内配置矿产资源。但当今世界正处于百年未有之大变局的时代洪流中，紧缺大宗矿产资源事关国家经济安全，各国越发重视本国的矿产资源供给安全，使得国际铁矿石市场的不确定性加剧；此外，部分国家利用自身资源禀赋优势，在国际铁矿石市场中实行霸权主义、垄断经营。这两方面因素导致铁矿石资源的国际竞争形势越来越紧张，进而使铁矿石的价格剧烈波动。铁矿石价格的剧烈波动将严重威胁我国铁矿石供给安全。本书的研究正是基于铁矿石供给安全的背景展开的。

二、研究目的

本书归纳、总结了世界范围内铁矿石资源现状和铁矿石供需现状，研究了铁矿石价格波动影响因素和溢出效应，探讨了铁矿石价格波动对下游产业的影响，为保障我国铁矿石供给安全提供了理论支持，进一步夯实了我国铁矿石价格波动的理论基础，为我国未来铁矿石贸易管理、钢铁国际贸易等经济活动献计献策。

自进入 21 世纪以来，以铁矿石为代表的矿产资源价格出现剧烈和频繁波动，导致了铁矿石市场的供给风险。因此，分析铁矿石价格的波动现象、测度市场蕴含的波动风险，具有重要的现实意义。研究铁矿石价格波动的一个目的，是充分了解国际和国内铁矿石资源市场运行规律，进而利用国际铁矿石资源市场，保障我国铁矿石供给安全与现代化发展。研究铁矿石价格波动的另一个目的，是对铁矿石价格波动对我国钢铁企业的影响有一个可量化的认识。

目前，我国作为世界第二大经济体，与世界各国贸易往来达到历史最高水平。后疫情阶段，国际社会经济逐渐复苏，对各类资源需求量开始上升，我国的优势矿产资源出口量也逐渐增大；同时，世界各国对我国的资源出口也开始恢复。此时，对国际、国内铁矿石价格波动的认识，以及对铁矿石价格波动的分析，对下游钢铁企业而言格外重要。

三、研究意义

党的十九大报告指出，进入新时期，我国社会主要矛盾已经转化为人民日益增长的美好生活需要和不平衡不充分的发展之间的矛盾。其提出了“坚持节约资源和保护环境的基本国策”“推进资源全面节约和循环利用”

“支持资源型地区经济转型发展”“形成绿色发展方式和生活方式”“加快生态文明体制改革，建设美丽中国”等要求和举措。2022 年，在中央经济工作会议上，习近平总书记指出“要正确认识和把握初级产品供给保障”。同时，我国经济发展已经进入新常态，以往粗犷式的发展已不再被接受，铁矿石资源也必须实现高质量发展。

在此大环境下，我国相继出台了一系列矿业政策，包括开采总量控制政策、环境规制政策和绿色矿山建设政策等。在这些新的政策背景下，铁矿石价格波动的影响因素有哪些？铁矿石价格波动会如何传导？铁矿石价格波动对其下游产业有哪些影响，这些影响造成的波动是否会危及国家安全？这些问题成为亟待探究的重要问题。总体而言，对于铁矿石价格波动的研究，贯彻和响应了党的十九大会议精神，其根本目的在于保障我国矿产资源安全，为我国对矿产资源的规划和利用提供有力支持。

本书的研究意义可从以下两个方面阐明：

第一，理论意义。

一方面，针对矿产资源价格波动的理论研究，可帮助我们厘清铁矿石市场的供需关系、价格波动影响因素与价格传导机制，为国家相关产业政策的制定提供理论依据。我国矿产资源价格波动研究起步较晚，随着全球化进程的推进，中国融入国际市场的程度加深，对于商品市场各个标的资产价格波动的研究，逐渐成为学术界热点。随着各国对于本国资源安全的重视，以及国际政治关系的云谲波诡，资源市场特别是铁矿石市场的价格波动越发剧烈，国内外学者开始关注矿产资源价格波动方面的研究。传统的研究铁矿石价格波动的理论依据是供需理论，认为价格波动现象是供求关系变化导致的。但是，供需理论的理想前提是市场商品充分流通，每个参与者都自由竞争。而在铁矿石市场中，世界范围内的铁矿石供给者主要是国际四大矿商，从某种程度上说，铁矿石市场属于垄断市场，容易产生铁矿石价格波动风险。此外，受国家相关产业政策调整的影响，铁矿石市场价格波动理论模型远比单纯的供需理论复杂。因此，我们需要综合考虑国际铁矿石市场的政治、经济、地缘等因素共同的影响，同时考虑国内铁矿石市场的宏观调控、产业政策、环保政策的影响，对供需理论进行适当的调整、修正。

另一方面，我国钢铁行业在原材料采购方面议价能力较弱，只能被动接受原材料成本上升，并向其下游产业转移成本。因此，研究铁矿石价格波动及其溢出效应，对铁矿石下游产业的发展和转型升级具有借鉴意义。以钢铁产业链为例，铁矿石价格波动的理论研究，有利于对钢铁行业价格波动理论的补充。铁矿石价格波动会由铁矿石生产企业传导至钢铁行业，而钢铁行业制成品的价格波动又会影响钢铁企业对于铁矿石需求量的判断，铁矿石价格波动与终端的钢铁行业是紧密联系的。此外，由于金属制品行业价格研究有其独特规律，受铁矿石价格波动影响的价格理论研究尚不充分，理论系统尚不完备；对于铁矿石价格波动的理论进行深入研究，对于终端行业价格波动的理论研究，具有相当重要的借鉴意义。

第二，现实意义。

研究铁矿石价格波动及其溢出效应有助于提升我国铁矿石资源保障能力，同时为我国钢铁行业健康、高质量发展提供有力支撑。从国际市场来看，铁矿石价格波动及其原因在未来企业发展战略中都扮演着重要角色。分析铁矿石价格波动原因，可帮助市场参与者提升对市场的认知，增加市场博弈经验，规避未来的风险。预测价格波动，可对市场走势进行精准把握，及时调整资产配置策略，规避恶意竞争和操纵市场行为。从国内市场来看，受中国宏观经济调控影响，铁矿石价格波动的分析预测似乎相对容易。但由于铁矿石的对外依赖度高，铁矿石价格波动的主要影响是来自中国国内市场还是国际市场，抑或两个市场叠加，尚待明确。明晰铁矿石价格波动规律，对我国经济稳定发展至关重要。宏观经济调控对前瞻性和预见性的要求较高，铁矿石价格波动理论能够为其提供理论依据。同时，铁矿石价格波动模型可以帮助国内政策制定者及早制定预案，以规避国际因素对于铁矿石价格的冲击。随着国际经济复苏，世界各国对于铁矿石需求量增大，研究铁矿石价格波动对于在激烈的国际市场博弈中保障我国铁矿石资源安全，同时促进行业稳定、健康发展，具有重要理论意义和现实意义。

第二节 研究内容

本书分为以下七章：

第一章，绪论。首先，介绍了铁矿石价格波动及其溢出效应的研究背景、研究目的和研究意义。其次，在确立研究目的基础上，进一步介绍本书所运用的研究方法和技术路线。最后，就本书的主要创新点进行了归纳与总结。

第二章，研究进展与理论基础。首先，对研究战略性矿产资源价格波动影响因素和价格波动溢出效应的相关文献进行了综述，为本书后续的实证分析奠定了基础。其次，对本书涉及的相关理论进行了介绍。

第三章，全球铁矿石资源市场分析。首先，介绍了国内、国际铁矿石资源储量与分布、中国铁矿石勘探与开发现状。其次，归纳了中国的铁矿石供需现状和全球铁矿石供需现状。最后，对我国铁矿石未来供需态势进行了展望。

第四章，铁矿石价格波动特征和影响因素研究。首先，构建了基于供需因素、金融因素、成本因素、投机因素的铁矿石价格波动理论分析框架。其次，利用 MSVAR 模型研究各因素对铁矿石价格波动的影响方向、影响强度和持续时间，并比较了在铁矿石价格上升期、价格下降期和价格平稳期三个区制状态下，各因素影响方向、影响强度和持续时间的差异。

第五章，铁矿石价格波动溢出效应研究。在第四章研究成果的基础上，利用 VAR-BEKK-GARCH 模型研究铁矿石价格空间溢出效应和铁矿石价格垂直溢出效应。利用价格空间溢出效应分析了进口铁矿石价格对国产铁矿石价格的均值溢出效应和波动溢出效应。利用价格垂直溢出效应分别研究了国际铁矿石价格、国内铁矿石价格对国内钢材价格的均值溢出效应和波动溢出效应。

第六章，铁矿石价格波动对钢铁产业的影响研究。在第四章和第五章研究成果的基础上，采用国内钢铁行业上市企业月度粗钢产量与国际、国内铁矿石价格指数构建面板数据，分别研究国际、国内铁矿石价格波动对国内钢铁企业产量的影响，并分别从铁矿石价格上行和铁矿石价格下行阶段探究国际、国内铁矿石价格波动对国内钢铁企业产量的影响。此外，还借助动态面板模型研究了国际、国内铁矿石价格波动对钢铁产量的动态影响。

第七章，研究结论、政策建议和研究展望。总结本书的主要研究结论，并根据结论提出相应的政策建议，进行了研究展望。

第三节　研究方法和技术路线

本书通过定性分析与定量研究、表征分析与实证研究相结合的方法，对铁矿石价格波动的影响因素、溢出效应及其对钢铁产业的影响进行了深入研究，主要研究方法包括：

1. 文献资料收集法

在文献方面，本书充分吸收前人经验，系统地梳理了国内外关于矿产资源价格波动和其他大宗商品价格波动的文献，分析了现有研究的不足，且归纳了现有研究的空白，为确定本书的切入点和相关模型、方法的选择提供了有力支撑。在资料收集方面，本书收集了铁矿石和钢铁行业的相关数据和报告。铁矿石方面主要包括自然资源部的《矿产资源报告》、中国地质调查局的《全国地质勘查进展》、国家统计局网站统计数据、工业和信息化部工信数据、中国海关总署统计数据、Mysteel 官网数据和冶金工业规划研究院公开报告；钢铁行业方面，收集了 WIND 数据库和国泰安数据库中的钢铁行业上市企业数据。

2. 定性研究法

本书在前期广泛收集资料的基础上，对中国铁矿石资源现状进行了定性分析。首先，整理了国内资源分布、国内资源潜力、国内开发状况等资料，为厘清国内铁矿石供给能力奠定基础；其次，分析了钢铁企业对铁矿石的需求量；再次，给出了对供需现状的定性分析；最后，结合未来发展和政策趋势对国内铁矿石供需趋势做出研判。

3. 计量模型法

计量模型被广泛应用于经济学的实证研究中。本书在铁矿石价格波动的影响因素研究中采用 MSVAR 模型探讨了各影响因素对铁矿石价格的非线性影响。在铁矿石价格溢出效应方面，本书利用 VAR-BEKK-GARCH 模型分别对铁矿石价格波动在水平和垂直两个方向上的均值溢出效应和波动溢出效应进行了实证检验。在铁矿石价格波动对钢铁产业的影响方面，本书分别采用长面板固定效应模型和长面板动态模型研究铁矿石价格波动对钢铁行业的静态影响和动态影响。在模型参数估计和模型假设检验方面，本书使用了 Eviews、Stata、WinRats 和 GiveWin2 软件。

本书按照“提出问题—分析问题—解决问题”的思路，从“文献回顾—理论梳理—实证研究—政策建议”的基本逻辑出发，通过文献综述、理论分析框架构建等，综合运用资源环境经济学、计量经济学等的基本理论和方法模型，分析铁矿石价格波动的成因、溢出效应，以及铁矿石价格波动对下游钢铁企业的影响，并基于对实证结果的分析，提出提升我国铁矿石供给保障能力的政策建议。具体技术路线如图 1-1 所示。

<table>
<tr><th>研究目的</th><th>研究内容</th><th>研究方法</th><th>研究思路</th></tr>
<tr><td rowspan="3">为分析铁矿石价格波动的成因、传导效应以及铁矿石价格波动对下游钢铁企业的影响奠定理论和现实基础</td><td>铁矿石价格波动及其溢出效应的相关文献综述：
● 战略性矿产资源价格波动影响因素相关研究
● 价格波动溢出效应相关研究</td><td>文献研究</td><td rowspan="3">提出问题</td></tr>
<tr><td>铁矿石价格波动及其溢出效应的理论基础：
● 供给需求理论
● 市场失灵理论
● 外部性理论
● 空间市场整合理论</td><td>理论分析</td></tr>
<tr><td>铁矿石资源面临的形势研判：
➢ 国家战略要求
正确认识和把握初级产品保障
中国人的饭碗任何时候都要牢牢端在自己手中
➢ 全球铁矿石市场分析
铁矿石资源现状分析
铁矿石资源供需现状分析
铁矿石资源供需态势展望</td><td>定性分析</td></tr>
<tr><td rowspan="3">分析铁矿石价格波动的成因、传导效应以及铁矿石价格波动对下游钢铁企业的影响</td><td>铁矿石价格波动影响因素分析：
● 铁矿石价格波动影响因素的理论分析
● 供需因素、金融因素、投机因素和成本因素对铁矿石价格波动的实证分析
● 采用MSVAR模型，分别从铁矿石价格下跌期、价格平稳期和价格上升期分析各因素对铁矿石价格波动的影响</td><td rowspan="3">实证模型检验</td><td rowspan="3">分析问题</td></tr>
<tr><td>铁矿石价格波动的传导效应研究：
● 铁矿石价格传导效应的机理分析
● 国际和国内铁矿石市场的空间传导效应分析
● 国际和国内铁矿石市场对国内钢铁产业的垂直传导效应分析</td></tr>
<tr><td>铁矿石价格波动对钢铁产业的影响研究：
● 铁矿石价格波动对钢铁产业影响的理论模型构建
● 铁矿石价格波动对钢铁产业的静态影响分析
● 铁矿石价格波动对钢铁产业的非对称静态影响分析
● 铁矿石价格波动对钢铁产业的动态影响分析</td></tr>
<tr><td>提出提升我国铁矿石供给保障能力的政策建议</td><td>提升我国铁矿石供给保障能力的政策研究：
● 注意防范铁矿石价格领域的输入性风险，保障国内铁矿石供给
● 加快国内铁矿石采掘行业技术升级
● 加快构建国内铁矿石原材料价格风险管理体系
● 合理推动国内钢铁企业并购重组，打造具有代表性的钢铁龙头企业</td><td>政策建议</td><td>解决问题</td></tr>
</table>

图 1-1　技术路线

第四节　主要创新点

本书的主要创新点体现在以下几个方面：

第一，分析了铁矿石市场价格波动特征和各影响因素在不同区制状态中对铁矿石价格波动的影响作用及其非对称性。根据铁矿石市场价格波动特征将铁矿石价格分为价格上升期、价格下降期和价格平稳期三个区制，进而运用动态、非线性 MSVAR 模型研究各因素在不同区制状态中对铁矿石价格波动的影响方向与幅度。该模型除综合考虑供需、金融、成本等因素外，还将投机因素纳入分析框架，并用铁矿石港口库存这一指标表征市场中的投机因素。

第二，将铁矿石价格波动在产业链中的溢出效应纳入研究范畴，并利用 VAR-BEKK-GARCH 模型探讨铁矿石价格溢出效应中的均值溢出效应和波动溢出效应，拓宽了前人只关注不同市场间的空间溢出效应的研究视角。

第三，将铁矿石价格波动内化为钢铁企业的生产成本，从企业利润最大化角度研究铁矿石价格波动对钢铁企业的影响。钢铁企业的生产除了受到供求关系的影响，还受到钢铁价格、铁矿石价格等大宗商品市场价格信号的影响。在全球钢铁需求稳定的背景下，钢铁企业对铁矿石价格波动信号的敏感程度尚不明确，铁矿石价格波动对钢铁企业生产有多大影响，以及对不同规模钢铁企业的影响是否存在差异，有待进一步研究。因此，本书采用国内钢铁行业上市企业月度粗钢产量和国内、国际铁矿石月度价格指数构建面板数据，研究铁矿石价格波动对钢铁产业的影响。

第二章

研究进展与理论基础

第一节　研究进展

随着社会和经济的快速发展，各国对铁矿石资源的需求不断增加，甚至产生了很强的依赖性。因此，铁矿石资源的价格波动会影响各国的经济发展和社会安全，深入研究铁矿石资源价格波动的影响因素及其价格波动的溢出效应迫在眉睫。针对这个问题，国内外学者从多方面开展了深入研究，然而在现有研究中，只关注铁矿石价格波动的文献还比较少，更多的是关注其他大宗矿产或能源矿产（如煤炭和石油）。为了后续研究能有更好的理论和方法基础，本书将文献综述范围扩展至战略性矿产资源方面。

一、战略性矿产资源价格波动影响因素相关研究

战略性矿产资源的价格波动影响国家的经济平稳运行，由于世界贸易全球化，战略性矿产资源价格波动在全世界范围内的传导是非常迅速的，同时，其影响面也是十分广泛的，包括国家的金融行业、货币政策、财政政策等。对战略性矿产资源价格波动影响因素的研究，首先是价格的形成机制，其可看作先决条件；其次是价格波动的影响因素，影响因素分析是基于价格形成机制的。

价格形成机制一般是指以市场配置资源为基础，以政府宏观调控为手段，从而建立起的有利于产业结构优化及行业可持续发展的一套机制。制约市场价格的原因有很多，比如商品自身的价值、货币价值（通货膨胀因素、金融因素等）、供求关系、国家相关政策和国际价格等。我国调节价

格的方式主要有：第一，以国家调节为基础，通过国家各个机构有计划地制定和调整价格；第二，以市场调节为基础，即通过市场自由竞争的方式形成对应的价格；第三，国家调节和市场调节相结合。我国改革开放后，经济迅速腾飞，国民经济发展较快，但在40余年的发展中，我国战略性关键矿产价格形成机制还存在诸多问题，调研这些客观条件、厘清战略性矿产资源价格形成机制问题脉络，是认识战略性矿产资源价格形成机制的先决条件。首先，需要认识的是，价格形成不是个人偏好的结果，而是社会领域内各市场主体和政治力量运作的结果（Beckert，2011）。从顶层设计来看，我国社会主义市场经济体制的完善离不开生产要素的完善，而生产要素的完善往往离不开资源价格形成机制的市场化改革。我们所说的生产要素主要包括资源、资金和劳动力三个要素，而目前我国主要的问题为资源价格的形成机制没有实现完全市场化，行政参与过多，导致生产要素市场不完善（苏杨，2010）。例如，张侃和耿纪东（2016）指出，我国在深化能源商品价格形成机制方面必须破除行政性垄断，并在各个领域中形成良性的竞争环境。也有研究认为，我国目前的能源价格没有反映能源的稀缺性，同时我国能源价格也没有体现能源的供给成本，导致我国能源没有形成系统性的价格形成机制（赵美田，2011）。

从价格形成机制研究角度而言，不同战略性矿产资源需要考虑不同价格形成因素。唐衍伟（2008）以我国煤炭资源为例，开展了中国煤炭价格形成机制研究，认为考虑煤炭价格形成机制，不仅要分析煤炭绝对价格水平和相对价格体系（或称比价），还要分析煤炭价格与我国用户实际支付价格的关系。白玫（2014）认为煤炭价格机制的稳定性不足，以及煤炭价格中成本计算还不够完善。Weigt 和 Hirschhausen（2008）研究了2006年德国电力批发市场的价格形成因素和市场支配力，通过构建基准模型，综合考虑了电厂特性、燃料、二氧化碳配额价格、风力发电、跨境流量、机组承诺和启动条件，以估计2006年每小时发电成本与观察到的市场价格之间的差异。Akkemik（2011）分析了土耳其的社会会计矩阵价格模型，并研究了电价变化对经济中价格形成的潜在影响，根据价格乘数发现，能源生产部门、采矿业和钢铁制造部门的价格受到的影响比其他经济部门更严重，消费者价格受到的影响略小于生产者价格。Busse 等（2012）基于马尔可夫切换向量误差校正建模方法研究了德国生物柴油供应链中的价格形成因素，分析了柴油和生物柴油价格，以及菜籽油、豆油和生物柴油价格的关系。Kaur 和 Singh（2020）分析了黄金交易所交易基金（ETF）在现货和期货市场中的作用，从长远来看，ETF 在现货和期货市场中的作用是趋同的。Zhang 和 Duan（2005）基于需求方面研究了价格形成机制和价格固定模型，指出需求侧未能在电价形成机制中发挥有效作用，针对该问题，他们提出供需双方均应参与价格形成机制，在该机制下，最终议价和该价格下的用电量（或负荷）由供方报价与需求方之间的相互作用决定。

在能源价格形成的机制方面，由于原油涉及国家能源安全，国内外学者投入了大量精力进行研究，大致可包括从汇率、时间、空间、投资行为等角度对原油价格形成机制、波动进行研究。Yousefi 和 Wirjanto（2004，2005）研究了汇率对原油价格形成机制的作用，采用一种新的原油价格形成实证方法，旨在了解石油输出国组织（OPEC）成员对原油对美元兑换其他主要货币汇率和其他成员或地区原油价格变化的反应。研究表明，为应对汇率变化，出口国倾向于调整原油价格，以确保石油收入的国际购买力稳定，同时尽量避免抑制市场需求和失去市场份额。Alvarez-Ramirez 等（2002）进行了原油价格的多重分形 Hurst 分析，发现在时间维度上，原油市场仅在几天到几周的时间尺度上与随机游走假设一致。Lombardi 和 Robays（2011）分析了金融投资者对石油价格波动的影响，通过构建结构 VAR 模型，将非基本面的金融冲击与石油供需的基本面冲击分开，以确定不同冲击的相对重要性。研究发现，期货市场的金融投资者可以在短期内破坏石油现货价格的稳定性。He 等（2009）研究了投机者收益预期和投资时间尺度对原油价格变动的影响，根据价格行为的模式确定了可能的价格扭曲行为。Peng 等（2020）从原油价格形成机制方面分析了原油价格波动的动态特征，通过非线性自回归分布滞后（NARDL）模型捕捉原油价格在不同位置和不同波动趋势上的形成机制特征，发现原油价格波动总体趋于加强。尽管原油价格形成机制受多种因素影响，但也有研究认为原油价格不是简单地基于供求反映市场基本面因素和需求因素，而是大企业干预的结果（Ibrahimov and Muradasilova，2012）。

除原油外，铁矿石资源的价格形成机制研究也备受关注。这是由于我国目前在铁矿石价格形成机制方面存在诸多问题，而解决这些问题迫在眉睫，关系到我国矿产供给安全、国际地位，以及我国高质量发展、绿色发展的实现问题（徐广平和崔彬，2019）。理论上，商品的价格应该围绕商品价值上下波动，但是目前在很多市场中，一些强大的企业或者集团通过一些不合规的途径，甚至能够左右一些商品的价格，使其利润分配不断向有利于自己的方向发展（刘春长，2011）。在国际铁矿石市场中，此种情况尤为明显。由于国际大型铁矿石企业对铁矿石的定价具有一定的垄断权，且控制长期价格协议和现货市场价格，即形成两边垄断市场（钱成，2013），同时我国国际铁矿石的贸易结构也存在一定的问题（朱灏和全继业，2012），导致我国铁矿石定价机制受垄断经营影响。

牟小刚和马杰（2014）通过构建铁矿石市场不完全竞争数学模型，对我国铁矿石价格形成机制进行探究，并从经济学的角度分析了我国铁矿石进口价格形成机制，以及总结了其对我国钢铁行业改革的启示。尤喆等（2020）指出我国可以加大国内铁矿石的开发力度，不断增强战略性矿产资源自给自足的能力，并且拓展进口渠道，减少对单一渠道的依赖性，打破国外垄断。于左等（2015）通过构建寡头间合谋形成机制理论模型，解释了在垄断情况下铁矿石价格上涨的必然性。瓮凤春（2011）通过文献调研发现国际垄断价格的形成可以用资本垄断和产品的不同性质来解释，并建议采取建立专营制度、完善国内期货市场等方式来对抗国际垄断势力。王明喜等（2012）基于博弈论，构建短期均衡、长期静态均衡和长期动态均衡三个模型，分析铁矿石价格走势，指出矿商短期价格下降不利于我国进行长期价格谈判。李锦等（2012）通过 VAR 模型对选取的变量进行分析和计算，认为目前我国铁矿石进口价格机制的形成主要取决于铁矿石进口量和我国铁矿石产量的波动、海运价格的不稳定性，以及钢铁价格的随机性。综上所述，众多学者从价格形成机制角度出发，认为我国作为铁矿石需求大国，应积极采取措施，掌握铁矿石定价权，从而打破国际铁矿石寡头对铁矿石价格的控制。

近十几年来，新能源、环境问题逐渐成为社会关注的热点，有学者认为我国应该将资源环境承受能力纳入自然资源产品价格形成机制，以实现资源环境的可持续发展（高兴佑和郭昀，2010；王江等，2014；穆红莉，2012）。宋丽颖和王琰（2016）在探讨矿产资源价格机制形成的过程时，提出了公平视角下矿产资源开采的收益分享机制。王军（2013）以我国能源价格机制改革方案为基础，提出了公共性能源产品和私人消费能源产品两方面的价格机制改革。Blyth 等（2009）研究了碳市场中的政策互动、风险和价格形成机制，通过边际减排成本（MAC）曲线的分析框架，提出对碳市场关键动态变化和风险因素的直观理解。Mi 等（2020）对我国新能源价格形成机制进行分析，提出了更符合我国国情的新能源价格形成机制。

在不同战略性矿产资源价格形成机制下，各种战略性矿产资源价格波动受多种因素影响，随着我国经济体制改革的不断深入，市场经济不断完善，市场环境变得更加复杂，每个产品的价格变化也变得难以捉摸（郭尧琦，2012）。王磊等（2018）从不同的角度分析了价格波动的复杂性，认为实际产生的 GDP，以及真正的交易总金额等因素对稀缺资源对外贸易的价格影响很大，其他因素（比如美元指数、黄金价格等）对稀缺资源对外贸易价格影响相对小很多，但其结论还需进行详尽研究对比。深入翔实地研究战略性矿产资源价格波动影响因素十分重要，国内外学者从多方面开展了深入研究。

我国煤炭价格经历了从政府计划价格时期到现在的市场化价格时期，无论从哪一种形式来看，目前我国煤炭定价机制都存在许多缺陷，甚至造成企业间的恶性竞争，从而导致了煤炭价格的剧烈波动。具体而言，目前导致煤炭价格波动的因素主要有：①供给关系。包括煤炭的产量、储量和成本，以及运输等问题。②需求关系。包括下游行业煤炭的需求量、国民经济的发展情况等。③综合关系。包括政治策略、上下游产品价格差异和国际市场煤炭价格等（张文龙等，2016；王迪等，2013）。近些年，由于环境政策要求趋紧，环境约束给我国煤炭企业施加了很多压力，相关政策也对我国煤炭价格产生了深远影响（米家鑫等，2017）。煤炭价格主要受到煤炭自身供给和需求的直接影响，而间接的影响主要体现在政治和产业环保政策上（王然等，2022）。丁志华等（2011）基于 VEC 模型分析了中国煤炭价格波动因素，指出煤炭价格主要受到宏观因素、中观因素和微观因素的影响，细分价格影响因素主要有 GDP 增长指数、工业产值增长指数、火电增长指数、煤炭供给增长指数、煤炭需求增长指数、煤炭成本指数等。王延伟和景晓真（2016）从定性和定量相结合的角度，证明了煤炭产量、煤炭进出口量、下游产品产量、GDP 增长率，以及工业增加值等方面都会对我国煤炭价格产生重大影响。张建英（2016）认为煤炭价格除了受下游产品价格影响，还会受其主要替代产品价格的影响。冯猜猜（2017）指出煤炭价格波动具有众多特征，包括价格波动会随着季节发生变动，具有明显的季节性，且具有随机性和周期性，并运用系统动力学研究方法，搭建了相应的数学模型。研究结果表明，我国煤炭供给波动与消费量波动具有十分相似的特征，供需之间的差距微小，因此目前我国煤炭市场处于一个很好的平衡状态。丁志华等（2015）基于通径分析理论研究煤炭价格波动影响因素，认为煤炭价格主要受 GDP、煤炭需求、煤炭供给、国际煤炭价格、石油价格、铁路运输能力、煤炭进出口量和煤炭库存 8 个方面的影响。除上述供需关系以及其他综合客观因素外，苏梦颖（2020）通过对比煤炭期货价格和现货价格，指出我国能源价格的波动具有很大的惯性，当前价格的波动易受其历史价格的影响，同时煤炭期货价格与现货价格具有长期稳定的协整关系。李朋林和梁露露（2015）基于煤炭生产成本、煤炭产量、国内煤炭消费能力、替代能源、煤炭库存变化情况、煤炭进出口状况、国际煤炭市场价格及政治因素 8 个方面，搭建了 BP 神经网络学习模型，对煤炭价格进行了预测。

石油是保障现代工业和经济发展的重要战略能源之一。回看各个历史时期，影响石油价格的因素种类、强度是不同的（Yan，2012）。石油作为大宗商品之一，其价格波动直接关系到一国宏观经济的稳定性。尽管有研究认为石油价格波动的冲击对于某些国家影响不大（Chang and Wong，2003），但对于石油主要生产国和消费国，其影响不可小觑。Eltony 和 Al-Awadi（2001）使用 VAR 模型，研究了石油价格波动及其对科威特宏观经济变量的影响，并通过 VECM 方法证明 LM2 差异的很大一部分原因是石油收入的差异。黄蕊和蔡伟志（2016）分析了国际石油价格波动对俄罗斯经济增长的影响，通过 VAR 建模证实了国际原油价格上升与俄罗斯经济增长密切相关。Aloui 等（2012）认为石油冲击对新兴市场的股票冲击是不对称的。Maamary 等（2017）认为石油和页岩气产量的增加显著影响海湾阿拉伯国家合作委员会成员的可持续能源发展，特别是其中最大的石油出口国沙特阿拉伯王国（KSA）的可持续能源发展。Bodenstein 等（2012）研究了货币政策对油价波动的反应，认为美联储降低石油资产配置以应对工资通胀的情况与人民币对大宗商品的“早抑制、晚促进”的正向“U”形非线性效应有所不同（Lin and Xu，2019）。

细分来看，国家内部商业、工业和交通运输行业，对油价的剧烈波动非常敏感（Taghizadeh-Hesary et al.，2016）。另外，油价对于作为石油能源替代品的可再生能源也产生了深远影响。Hsiao 等（2019）建立了向量自回归（VAR）模型，并使用 Factor-GARCH（广义自回归条件异方差）来评估市场联动和时变波动的国际油价与中国可再生能源市场的相关性。侯佳贝（2016）指出，国际石油价格对第二产业冲击最大，对第三产业冲击较小，且主要通过 PPI 传导渠道影响总体物价水平，其中一个原因可能是中国能源行业具有垂直市场结构，可作为能源价格波动的放大器，随着能源企业市场支配力的增大而增大，导致国际石油价格进一步冲击国内价格。吴翔（2009）研究了国际油价波动与我国经济增长的关系，指出我国油价几乎是跟随国际油价的变化而变化的，而国际油价波动与我国的经济增长之间存在非对称协整关系，因此国际油价上升对经济增长的负向作用要大于国际油价下降对经济增长的正向作用。国际原油价格波动对中国股市投资者的情绪也具有传染效应，鉴于国际金融市场联系密切，跨市场传染效应日益明显。国际原油价格波动显著影响了中国股市投资者的情绪，国际原油价格波动影响投资者情绪传染的延迟时间平均为 8 个月（Ding et al. ,2017）。Li 等（2017）亦认为整个石油产业链上市企业的收益取决于石油升值，油价、石油供应冲击和预防性需求冲击的影响最为显著。An 等（2018）将原油价格与股票价格的联动趋势划分为不同的波动模式，并对 5 个不同时期的 2 个板块股票建立了双变量时间序列网络模型，其模型揭示了原油价格波动对中国产业板块存量的滞后效应。鉴于以上研究，石油价格波动对国民经济的影响十分显著，特别是对我国经济安全影响较大。石油价格波动，从供求关系而言，与我国铁矿石供求十分相似，均受国际价格影响较大，因此对石油价格波动的研究，对研究铁矿石价格波动具有借鉴意义，我们对其应充分调研并进行讨论。

朱向莹（2014）从马克思主义国际政治经济学的角度出发，对国际石油价格波动进行了非经济因素分析，特别分析了政治和军事因素。方燕和李美（2012）认为国际石油价格波动的影响因素主要有供给和需求的关系、国家政策和国际政治格局等。刘志斌等（2009）认为全球化以及多元化等原因造成了石油市场很高的不确定性，也造成了石油价格的复杂多变。

石油是一种特殊的商品，一旦石油的商品属性开始慢慢地变弱，那么其政治、经济和金融的属性就会慢慢地变强；同时，石油价格还有聚集性，也就是说，往往大的价格波动后面还会有大的价格波动，小的价格波动后面还会有小的价格波动。目前的市场中，石油主要体现出了金融属性，这一特性也被国内外学者广泛研究。张程和范立夫（2017）分析了石油与我国货币供给和全球流动性等金融因素的内在联系，研究结果表明，石油价格受我国货币政策的影响日趋明显。蔡纯（2009）基于月度数据的VAR模型分析了石油价格波动受金融方面的影响，研究了石油的期货价格、石油的供需状态、期货合约、美元基础货币和美元汇率等因素，认为金融因素对石油价格在短期内有重大的影响。金滋（2009）指出，政治事件、美元汇率及原油的供需情况才是导致国际油价飙升的主要原因，同时指出原油价格出现巨大震荡的原因是幕后黑手的投机行为。刘宁（2009）认为，国际石油市场的供需关系、美元汇率，以及石油期货市场三个方面都是导致国际石油价格波动的原因。从短期的视角来看，石油价格的供需关系是相对稳定的，因此石油供需对石油价格的影响是十分小的。但是，由于以中国和印度为代表的新兴经济体的崛起和发展打破了相对稳定的国际石油供求关系，所以出现了石油价格飙升现象，叠加美元汇率对石油价格的影响，进一步推动了石油价格的飙升。

刘颖（2013）分析了国际石油价格波动，认为从石油生产供给层面来看，石油储量开始日益减少，同时全世界的石油市场都出现了供给来源不平衡的现象；从石油需求代替层面来看，世界经济的发展与石油的供需量呈正比关系，但可再生能源和节能循环技术高速发展，在未来它们将影响石油的价格走势。从其他相关因素来看，生产成本的不同、石油工业每个环节的通畅程度，以及突发的政治不确定性等因素都会很大程度地影响石油价格，加上石油库存和期货之间的价格关系、OPEC的干预和投机势力的操控等原因，会导致石油价格波动很难被预测。仅仅通过供需因素来解释石油市场波动方面的相对重要性可能会产生不同结论，这是在石油冲击的研究中对石油供需弹性的假设不同所导致的（Caldara et al.，2019）。Baumeister和Kilian（2016）分析了近40年油价波动的原因，指出石油价格波动与宏观经济具有显著关联性，具体包括通货膨胀、产出、就业和工资。Wang 等（2016）通过用循环神经网络预测能源市场指数来研究原油价格波动的原因，将多层感知、艾尔曼循环神经网络（ERNN）与随机时间有效函数相结合，指出石油价格的历史数据是导致石油价格波动的重要原因。Zhao 等（2020）借助 LDA 等方法从海量网络新闻中提取话题，基于条件概率和相关性构建石油市场的正热度（PHD）和负热度（NHD）指标，实现互联网信息的量化表示，最终建立 SVAR 模型探讨热度（HD）与油价的交互关系，探究互联网信息引起石油价格波动的机制，发现包含 PHD 和 NHD 信息能够提升预测国际油价的能力。此外，PHD 对油价有显著的正面影响，NHD 对油价有负面影响。

与石油类似，矿产品国际价格波动受全球经济情况、矿产品的供需情况、美元指数，以及投机因素等影响；同时，矿产品价格传导路径、消费者价格传导路径等也会对其产生影响（尤喆，2019）。李华等（2017）系统性地分析了我国铁矿石的进口情况，认为运费对铁矿石价格造成巨大影响。这完全符合现实，由于受海运成本的影响，我国从巴西进口的铁矿石数量远低于从澳大利亚的进口量。从供需角度看，有研究显示，我国钢铁行业产生了很多供给缺口，供需不匹配等因素导致钢铁价格不断上涨，钢铁价格上涨推动了铁矿石需求上涨，继而推动铁矿石现货价格上涨，但铁矿石期货价格功能发挥正常。换言之，铁矿石期货价格并没有对铁矿石现货价格起到助长的作用（李莉，2017）。

对于其他资源价格波动的研究还包括对沥青质市场、燃料油市场和可再生资源等的研究。许斌等（2006）分析了沥青质市场的供应和价格波动的影响因素，认为我国冶金市场的不景气，导致了沥青质产量的明显减少；同时煤焦油不断替代重油作为燃料，导致煤焦油市场供需平衡关系被打破，进而导致煤焦油的价格剧烈上涨。另外，由于煤焦油是生产炭黑的主要原料，因此加剧了煤焦油的需求增长，也加剧了沥青质的紧缺。除上述原因外，我国不断地出口煤焦油，导致我国煤焦油价格不断上升，而煤焦油价格飙升又导致很多企业出于成本因素的考虑，减少煤焦油用量，最终导致了沥青质产量的减少，这也是导致我国煤沥青价格不断飙升的原因之一。Van 等（2011）研究了电力价格波动下住宅储能的优化控制，通过将用户需求和价格影响的储能购买成本最小化问题作为马尔可夫决策过程进行研究，表明最优策略具有阈值结构。Akhmad 等（2019）研究了燃料油价格波动对印度尼西亚宏观经济状况的影响。具体而言，其通过向量自回归模型证实了燃料油价格变化对印度尼西亚经济增长、通货膨胀和贫困的影响，指出燃料油价格上涨对印度尼西亚经济产生了负面影响。徐海涛等（2020）探讨了可再生资源价格波动的影响因素，指出可再生资源影响因素可分为内部因素和外部因素，包括行政、环境、经济等。

对战略性矿产资源价格形成机制相关研究进行调研后可知，我国战略性矿产资源价格形成机制仍存在诸多问题，其中以行政干预较多、税收体制不健全等市场化程度不够问题为主。铁矿石方面，我国定价机制受限，主要由于我国钢企分散，未形成合力，导致在铁矿石交易中议价能力不强。在调研战略性矿产资源价格形成机制的基础上，对价格波动的影响因素进行调研，可以看到，我国学者对于煤炭价格波动的影响因素研究较多，而石油作为“工业的血液”和国家重要战略资源，亦受到广泛研究。原油市场中，原油价格受供需影响为主，但也有研究指出，原油价格不仅受供需关系影响，汇率、国际格局、新闻消息等因素也都扮演着重要角色，同时原油价格还受国际炒家短期影响。关于石油价格波动对其上下游产业影响的研究也比较多，而关于铁矿石价格波动影响因素的研究则占比不大。综上所述，对于我国铁矿石价格波动的影响因素和铁矿石价格波动的溢出效应，还应进行详细研究。

二、价格波动溢出效应相关研究

溢出效应（spillover effect），一般指事物一方面的发展变化带动了该事物其他方面的发展变化。在经济学研究中，溢出效应是指个别组织或企业进行的经济活动对其他组织或企业的生产和消费环节产生好的或坏的经济效果（盛文林，2011）。战略性矿产资源价格波动溢出效应，即因为战略性矿产资源价格波动导致该资源其他方面的发展变化。战略性矿产资源对我国有着重要的意义，因此研究其价格波动溢出效应是十分有必要的。针对此方面的问题，国内外学者展开了深入研究。本部分从金融市场波动溢出效应、资源能源与大宗商品市场波动溢出效应、跨市场及其他市场波动溢出效应三个方面，对经济学中的溢出效应相关研究进行回顾与讨论，以期对战略性资源价格波动溢出效应研究发挥指导作用。

对于波动溢出效应的研究，最早可以追溯到 1982 年 Engle 对金融市场波动溢出效应的分析。随后 Engle 等（1990）对汇率波动提出了热浪和流星雨两种假设，认为热浪是汇率波动在一个国家内的自相关溢出效应，而流星雨是汇率波动在不同市场之间的溢出效应。关于波动溢出效应的研究，有相当部分是关于股票市场的。Hamao 等（1990）对纽约、伦敦和东京的股票市场进行研究，认为三个股票市场间存在波动溢出效应。在 Hamao 等（1990）的研究基础上，Susmel 和 Engle（1994）的研究也表明纽约和伦敦的股票市场间存在波动溢出效应；Koutmos（1995）则研究发现纽约、伦敦和东京股票市场间的波动溢出效应存在非对称性，即价格下降的溢出效应比价格上涨的溢出效应更加明显；Booth 等（1997）、Laopodis（1998）的研究发现，其他国家股票市场间同样存在非对称的波动溢出效应。Ng（2000）构建了一个允许特定冲击造成市场意外回升的波动溢出模型，发现日本和美国的股票市场对 6 个太平洋流域股票市场存在显著的波动溢出效应。Sola 等（2002）基于二元马尔可夫交换模型，提出了一种分析不同国家股票市场间波动关系的新方法。Li 等（2020）考察了中国各个股票市场间波动溢出效应的空间联系，研究结果表明，波动溢出具有高度的空间关联性，各地区的溢出能力与其经济发展背景相关。

国内学者也对股票市场波动溢出效应展开了广泛研究。赵留彦和王一鸣（2003）率先研究了我国 A 股对 B 股的波动溢出效应，发现 A 股对 B

股具有单向波动溢出效应。谷耀和陆丽娜（2006）采用 DCC-EGARCH 模型分析沪、深、港三地股票市场收益的波动溢出效应。郭璐等（2009）研究分析了股权改革前后我国 A 股对 B 股收益的波动溢出效应，研究结果表明，改革后 A 股收益对 B 股收益的波动溢出效应明显增强，促进了 A 股和 B 股的市场整合。张兵等（2010）在“市场传染假说”的基础上分析了中、美两国股票市场的溢出效应，分位数回归结果表明，美股收益率对中国股票市场具有明显波动溢出效应。李红权等（2011）采用信息溢出检验体系考察我国 A 股、港股与美股的互动关系，结果表明，A 股与港股之间存在明显的波动溢出效应和极端风险溢出效应。

除了关于股票市场中的溢出效应的研究，还有研究集中于利率、汇率、债券市场。Tse 和 Booth（1996）采用 EGARCH 模型分析美国国债和欧元、美元期货，认为市场间的利率差是美元与欧元利率波动溢出效应的驱动因素。Hong（2001）提出一种检验具有条件异方差或无条件方差的时间序列之间波动溢出效应的方法，发现名义美元汇率对德国马克和日元汇率都存在波动溢出效应。Abass（2021）分析了发达国家与发展中国家之间外汇波动溢出关系，结果表明，发达国家向发展中国家外汇市场的单向波动溢出效应比较明显。费兆奇和刘康（2020）考察了全球风险对我国债券市场的影响，通过“双因素波动溢出”模型分析得出了全球风险对我国国债具有长期波动溢出效应的结论。So（2001）采用 EGARCH 模型分析了美元汇率和利率市场的波动溢出效应，发现利率波动对汇率有积极作用，但汇率变化对利率的作用不明显。关于溢出效应在金融市场中的表现的相关研究，还包括股市与汇率、通货膨胀与股市回报率等溢出效应问题。陈国进等（2009）研究短期和长期内的上证综合指数与美元—人民币汇率影响，结果表明，长期内外汇市场对股市存在单向溢出效应，短期内股票市场与外汇市场存在双向波动溢出效应。Kanas（2000）考察了美国、英国、日本、德国、法国和加拿大的股票收益与汇率变化之间的溢出效应，发现除德国外，其余 5 个国家都存在股票收益对汇率变化的波动溢出效应。董直庆和王林辉（2008）采用小波变换频带分析法研究我国通货膨胀与证券市场波动的溢出效应，结果表明，长周期的通货膨胀波动对证券市场存在明显负向波动溢出影响。杨子晖和周颖刚（2018）采用有向无环图技术分析全球金融风险，认为系统性金融风险具有全球波动溢出效应，且中国金融市场是全球金融风险的净输入者。

相较于金融市场研究，学者对资源能源与大宗商品市场中的波动溢出效应研究也较为广泛。Hoon 等（2016）研究黄金、白银、原油、玉米、小麦和大米期货市场的溢出效应，实证结果表明，商品期货市场存在双向回报和波动溢出效应，且黄金和白银是期货市场的主要信息传递者。杨璇（2020）通过 DGA 方法和网络拓扑方法对大宗商品价格波动溢出效应进行研究，结果表明，大宗商品之间存在明显的因果关系，而且能源和化工价格之间的传导作用十分明显，大宗商品的价格波动主要是由石油商品之间板块的联动导致的。Chevallier 和 Lelpo（2013）研究了商品市场的波动溢出效应，结果表明，贵金属和能源是大宗商品中波动溢出效应最明显的商品，农产品是溢出程度最低的商品。

由于石油特殊的战略地位，众多价格波动溢出效应研究围绕石油展开。就石油市场本身而言，部分研究着眼于国际石油价格波动传导，以及国际石油价格波动溢出效应。潘慧峰等（2005）采用 GARCH 模型分析了石油市场价格的波动溢出效应，发现石油价格波动的传导路径是从纽约市场到新加坡市场，再到中国市场。何启志等（2015）采用动态相关系数随机波动模型分析中国与美国、英国石油市场的关系，结果表明，中国的石油价格对美国和英国的石油价格均存在波动溢出影响，且美国的石油价格对中国的石油价格存在波动溢出影响。进一步地，Zhang 和 Wang（2014）研究了中国与世界石油市场的回报率波动溢出效应，他们利用动态捕捉溢出方法，发现中国与世界石油市场之间的回报率波动溢出效应是双向的和不对称的，中国石油市场受世界石油市场的影响较大，对世界石油市场的影响却较小。此外，波动溢出指数自 2008 年 9 月金融危机以来大幅上升。

王良等（2021）进行了中国原油期货和国际原油期货的价格波动溢出效应和持续性方面的研究，建立了三种原油期货之间的价格溢出效应模型，指出 INE 原油和 WTI 原油之间存在十分紧密的联系，以及具有十分明显的波动溢出持续性，且 INE 的波动对 WTI 的溢出效应呈现慢慢减弱的趋势，但是后者却对前者呈现出溢出效应慢慢加强的态势。Fan 等（2008）使用 GED-GARCH 模型估计原油价格的“风险价值”及其溢出效应，对 WTI 和布伦特原油现货市场的回报在极端下行和上行时的风险价值（VAR）进行了估计，根据 GED-GARCH 模型中的格兰杰因果关系，实证研究了两个石油市场之间的极端风险溢出效应。肖汪魁（2020）研究了国际能源期货市场风险溢出效应，并从 Copula-CoVaR 模型出发，研究了国际能源市场价格溢出效应对我国市场的影响。

石油价格波动与其他商品市场标的价格的关系亦受到关注。Haigh 和 Holt（2002）研究发现，原油、燃油和无铅汽油期货合约对能源价格的波动溢出效应显著。Gu 等（2020）研究了国际石油价格、塑料库存与中国再生塑料市场之间的联动关系，结果表明，国际石油市场对中国再生塑料市场和塑料库存具有直接的波动溢出效应。Corbet 等（2020）分析了石油市场对可再生能源企业的影响，研究结果表明，油价下降对煤炭市场和可再生能源都产生了积极的和经济意义上的溢出效应。Mensi 等（2013）采用 VAR-GARCH 模型考察能源、食品、黄金和饮料商品价格指数的联系，研究结果表明，标准普尔 500 指数对石油和黄金市场具有强烈的冲击和波动溢出效应。Zaghum 等（2021）讨论了铝、铜、铅、镍、锡、锌和贵金属对原油冲击的动态回报和波动关联性，发现原油需求冲击和风险冲击对金属收益具有强烈的波动溢出效应。Mensi 等（2021）考察了原油、汽油、燃油和天然气期货市场的互动关系，发现 WTI 原油是对其他市场波动溢出的最大贡献者。吴海霞等（2013）分析了我国原油、玉米和乙醇市场的波动溢出效应，研究结果表明，原油价格、玉米价格与乙醇价格之间存在明显的波动溢出效应。Yip 等（2020）研究了基于隐含波动率的石油与农产品的动态波动溢出效应，其研究强调市场交易者通常在决策时依据传达的前瞻性信息，通过集成马尔可夫切换向量自回归（MSVAR）模型和广义溢出指数来捕捉波动溢出效应的动态模式，当原油价格保持在低波动状态时，原油对所有农产品的净波动溢出效应趋于降低；相反，当原油价格保持在相对较高的波动范围时，这种溢出效应会呈现增加的趋势。

除关于石油及石油相关商品的波动溢出效应研究外，还有部分研究是关于其他商品标的或变量的。高金余和刘庆富（2007）研究了伦敦与上海铜市场之间的溢出效应，结果表明，两个市场的铜价存在双向波动溢出效应，但伦敦铜市场比上海铜市场的波动溢出效应更强。华仁海和刘庆富（2007）检验了铜、铝、大豆等期货市场价格的溢出效应，结果表明，铜和大豆的国际期货价格和国内期货价格之间具有明显的波动溢出效应。王德运等（2021）分析中国工业不同阶段的特征，基于中国工业不同阶段研究有色金属价格波动溢出效应的动态特征，通过 MSVAR 模型，将经济发展划分为三种区制状态，并从非线性角度分析不同时期经济发展的特点，从结果来看，不同区制状态下，中国工业经济对有色金属价格的溢出效应有着明显的差别，且有色金属价格对我国工业经济的影响有着一定的滞后效应。

关于波动溢出研究，除以上金融市场与商品市场各自的内部研究外，还存在相当数量的关注跨市场间波动溢出效应影响的研究，这是由于跨市场间的波动溢出效应十分明显且重要。Karali 和 Ramirez（2014）结合多种宏观经济变量分析了原油的溢出效应，结果表明，原油市场和天然气市场之间存在不对称的溢出效应；同时，原油价格的溢出效应与政治、环境以及天气等具有相关性。姜勇（2019）从非线性溢出效应的角度研究了国际石油价格波动，通过 VAR 族模型和 GARCH 族模型，研究了不同国家实际汇率产生的溢出效应，结果表明，原油价格和实际汇率变动之间存在紧密的联系，特别集中在汇率变动分布方面。玄海燕等（2021）通过关联模型筛选与原油期货价格关联程度较高的行业指数，并从收益率和波动率两个方面采用 VAR 模型分析了国际油价波动对我国行业指数的溢出效应，结果表明，WTI 原油价格的波动对我国金融地产行业指数产生了显著的正向影响，同时国际原油价格的波动也直接影响我国与原油市场密切相关的行业。Wen 等（2021）分析了中国股市与大宗商品市场的波动溢出效应，研究结果表明，中国股市是溢出的净接受者，有色金属和化学工业对股市的波动溢出效应非常明显。刘庆富和华仁海（2011）采用日交易信息和隔夜信息检验期货市场和股票市场的互动关系，结果表明，期货市场与股票市场存在双向波动溢出效应且股票市场的风险溢出效应更为明显。

此外，Apergis 和 Rezitis（2003a；2003b）研究了粮食价格与汇率、货币余额、通货膨胀和赤字/收入比之间的波动溢出效应，研究结果表明，宏观经济波动对粮食价格波动具有显著正向影响。Rezitis（2003）研究了希腊羔羊、牛肉、猪肉和家禽市场生产者价格与消费者价格之间的传递和波动溢出效应，实证结果表明，生产者和消费者市场间存在显著的价格溢出效应。Yang 等（2015）研究了国际原油市场对油轮市场的波动溢出效应，针对 2006 年 6 月 1 日至 2014 年 4 月 1 日的整个样本期和 2 个子期样本建立了 VAR-BEKK-GARCH 模型，实证结果表明，布伦特原油市场的波动对油轮市场的影响总体上比 WTI 市场更为显著。跨市场间的波动溢出效应主要受跨市场间的金融行为影响。Aragó 等（2003）利用跨市场相互作用的 GJR 过程分析了交易成本对现货指数与期货收益率的波动溢出效应，研究结果表明，套利机会的增加导致 2 个市场间的同期波动溢出效应显著增加。当然，跨市场间的波动溢出效应的不对称性也是普遍存在的。Tse（1999）基于二元 GARCH 模型考察了道琼斯工业平均指数（DJIA）与期货市场的波动溢出效应，发现一个市场可以预测另一个市场的未来波动，但期货市场波动对股票市场的溢出效应大于股票市场对期货市场的溢出效应。Wang 和 Li（2021）采用 DCC-MIDAS 模型和 DY 溢出指数模型研究国际原油市场与中国三大金融市场之间的波动溢出关系，研究结果表明，中国原油市场与不同金融市场之间存在非对称性波动溢出效应。李竹芸

（2020）从不同行业的角度分析了国际原油价格对我国股市的影响，研究结果表明，原油价格与能源、国家公共相关事务、电信服务等行业之间存在显著正相关的影响，与金融行业和医疗保健行业之间的影响缺乏显著性，说明国际原油价格对行业股票价格具有非对称性影响。高阳（2019）亦分析了国际油价波动对我国股市的风险溢出效应，研究结果表明，仅从溢出方向而言，国际原油市场发生风险事件对我国股市及其细分行业存在十分明显的风险溢出效应。另外，不同行业所受国际原油市场的风险溢出影响的强度方面，交通设备及机械设备行业所受的影响是最剧烈的，其次才是电力和天然气等行业，受影响最小的是原油开发行业和煤炭开采行业。Liu 等（2017）研究了国际原油价格与中美股市溢出效应的差异，采用向量自回归与广义自回归条件异方差（VAR-GARCH）相结合的模型，分析国际原油市场与股票市场之间的均值溢出效应和波动溢出效应，研究结果表明：第一，美国股市与国际原油市场之间存在双向均值溢出效应，而国际原油市场对美国股市仅存在单向波动溢出效应；第二，国际原油市场与中国股票市场之间同样只存在单向溢出效应，中国股票市场与国际原油市场之间不存在均值溢出效应，只存在波动溢出效应，且国际原油价格与中国股市之间的波动溢出效应呈现逐渐加强的趋势。

由于近几年“碳达峰”“碳中和”等环保政策受到国内外众多学者广泛关注，对于新兴“碳”市场和新能源市场，本书将其归入其他市场，以便更加清晰地明确其波动溢出效应。王玉和郇志坚（2012）基于信息共享模型分析欧盟（EU）排碳配额期货与核证减排量期货的相互影响，实证研究结果发现，排碳配额期货对核证减排量期货存在显著单向波动溢出效应。Zeng 等（2021）研究了欧盟碳金融市场的波动溢出效应，利用 VAR-BEKK-GARCH 模型，分析欧盟排放交易体系下欧盟配额（EUA）和核证减排量（CER）市场之间的动态波动溢出效应，研究结果表明，EUA 与 CER 市场之间存在不对称的波动溢出效应，EUA 对 CER 市场的波动溢出效应更为显著。Wen 等（2020）研究了在中国建筑业中由于科技发展导致的二氧化碳排量的溢出效应的影响，以 Moran's Ⅰ指数和空间计量模型为基础方法，估计了建筑碳排放（CCE）的空间分布和驱动创新因素。Gong 等（2021）从时间变化的角度分析了碳排放市场和化石能源之间的溢出效应，其研究聚焦于时变溢出效应的强度和方向及两类市场之间的时滞性和周期性，基于欧洲碳期货价格和三种化石能源（石油、煤炭和天然气）期货价格的研究，揭示了碳市场与化石能源市场之间存在明显的溢出效应，其强度和方向具有时变性和非对称性。Yu 等（2015）基于动态条件相关（DCC）模型和迭代累积平方和（ICSS）模型研究碳排放市场与原油市场之间的波动溢出效应，通过引入时变相关性分析方法，捕捉两个市场之间的动态联动关系，同时利用 ICSS 方法探索这种溢出效应的结构变化，进一步识别相关事件对联动机制的影响，以欧盟配额期货价格和布伦特原油期货价格为研究样本，实证研究发现：①EUA 与布伦特市场之间存在明显的正相关关系；②这种动态溢出效应随时间变化，在第三阶段比第二阶段略小；③经济事件（如金融危机）和政治变化会从结构上改变动态联动机制。Bai 等（2020）通过 Dubin 经验模型研究了中国发展中地区新能源发展的溢出效应。他们指出，在发展中地区的新能源发展不仅要考虑其对当地经济增长的影响，还要考虑它们对周边的溢出效应。Zhou 等（2021）从经验分析的角度研究了可再生能源市场的溢出效应和风险扩散，利用 BEKK-GARCH 模型从多维视角识别波动溢出效应，利用多维分析方法揭示风险扩散路径，进而综合分析了可再生能源市场之间的风险扩散关系，指出燃料电池能源市场和太阳能市场在风险扩散路径中占据重要地位。Magnani 和 Vaona（2013）研究了可再生能源在意大利的区域溢出效应，采用面板数据单位根和协整检验，以及依赖系统 GMM 估计的格兰杰非因果关系检验，发现可再生能源发电削弱了收支平衡的限制，并减轻了区域经济对化石燃料价格波动的影响，以及由化石能源发电产生的负面的环境和健康影响。

从以上文献综述可以看出，价格波动溢出效应广泛存在于世界各个市场内部，以及市场间。对于金融市场而言，价格波动溢出研究主要以股票市场、利率市场、汇率市场为研究对象展开，世界主要股票市场间的价格波动溢出效应存在非对称性。波动效应传导方向以发达国家向发展中国家传导为主。我国是风险净承受国家。在我国内部，A股市场与港股市场之间存在波动溢出以及极端风险溢出。价格波动溢出效应在资源、大宗商品市场亦体现出非对称性，其中以贵金属、石油为主要研究对象，但二者对其他市场的波动溢出效应的作用机制尚不明确。由于石油特殊的战略地位，关于主要商品价格波动溢出效应的研究围绕石油展开，结果表明，世界主要原油指数价格波动存在密切关联，而在我国石油市场方面，价格波动溢出效应受国际市场影响较大，同时我国石油市场价格波动溢出效应对国际市场影响较小。就我国国内而言，石油价格波动溢出效应对于大部分商品价格、股市、房地产行业具有正向影响。碳市场与传统能源、欧盟排放交易体系下碳配额存在正相关关系。而新能源市场价格波动影响地区经济发展，且对周边存在明确溢出效应。世界各个主要市场内部以及市场间的价格波动溢出效应十分明显，而战略性矿产资源不仅在不同市场间存在溢出效应，同时对当地及周边也可以产生重要影响，还会影响我国的国民经济以及社会主义的高速发展。

关于战略性矿产资源的价格波动溢出效应的研究存在许多不足，尤其是铁矿石方面。目前，关于战略性矿产资源的研究集中于石油或者天然气，而对于铁矿石的研究还十分稀少。同时，目前研究的焦点还不具备系统性，对溢出效应的研究集中在对不同市场间一些相关产品，或对当地经济以及宏观影响的研究上，而铁矿石的溢出效应体现在不同的地方，包括对相关产品的波动溢出效应，但更应该包含产业链视角下的波动溢出效应及铁矿石价格的空间溢出效应。进口铁矿石如何影响我国的铁矿石价格、铁矿石价格波动对下游产业尤其是钢铁产业的影响等问题在目前的研究中尚存在空白。

第二节　相关理论基础

一、供给需求理论

在传统经济学中，供给与需求均衡影响并最终形成市价，可表示为 $Q_i^d(P) = Q_i^s(P)$。均衡价格也被称为市场出清价格。均衡价格是生产者可以出售他想生产的所有单位，而消费者可以购买他想要的所有单位的价格。供给曲线向上倾斜，需求曲线向下倾斜，在两条曲线相交点上，市场价格足以使供应商向市场提供满足消费者需求的同样数量的商品，且消费者愿意以这个价格购买，供需处于平衡状态。具体的价格和数量取决于各自的供给和需求曲线的形状和位置。价格就其本质而言，是供需双方长期进行博弈后的均衡价格。而供求均衡发生变动的时候，如当一种商品的供应减少（使其更稀少）或需求增加（使其更受追捧）时，该商品的价格趋于上涨。相反，当商品变得更容易买到（不那么稀有）或不那么受消费者欢迎时，商品的价格会下降。这一基本概念在现代经济学中发挥着至关重要的作用。如图 2-1 所示，S 曲线为市场供给曲线，D 曲线为市场需求曲线，D 曲线和 S 曲线交于 E 点，决定了均衡价格为 P_0，均衡数量为 Q_0，这样一种状态是双方都愿意维持的状态，也被称为市场出清。因此，市场均衡价格表现为需求与供给两种相反力量共同作用的结果，是市场自发形成的。当价格位于 P_1 时，市场出现商品短缺现象，短缺数量为 Q_2-Q_1；当价格位于 P_2 时，市场出现商品过剩情况，过剩数量为 Q_3-Q_1。一般而言，在一个自由市场中，通过市场机制的作用，供求不相等的非均衡状态会逐步消失，市场会呈现出清的状态（Pindyck and Rubinfeld，2014）。

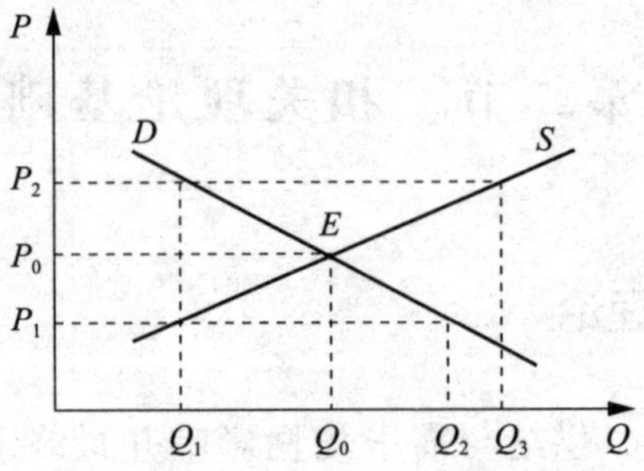

图 2-1 供求曲线与均衡价格

在矿产资源的国际贸易中，除了矿产资源的供给方和矿产资源的需求方会对价格造成影响，许多其他因素也会影响价格的形成，比如库存量、石油价格、利率、海运费等，这些因素都可以对生产者的矿产资源供给数量和消费者的矿产资源需求数量产生影响，从而使市场上的均衡点产生变动。如图 2-2 所示，国内的钢铁产量、铁矿石产量、铁矿石进口量、铁矿石港口库存量、石油价格、利率和海运费通过影响市场上的供给和需求，最终影响铁矿石的市场价格。

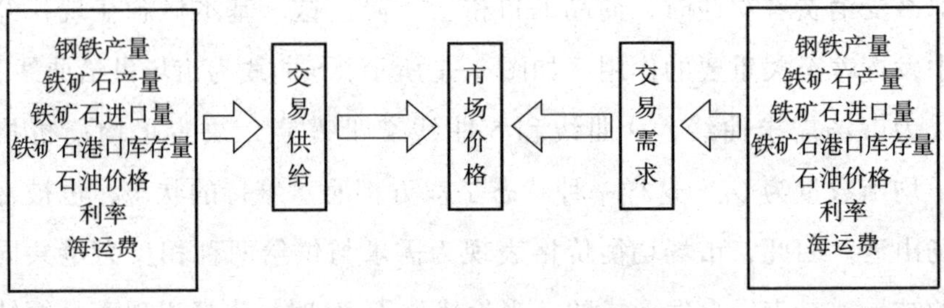

图 2-2 铁矿石市场价格影响因素

表 2-1 呈现了各种因素通过影响交易供给、交易需求，进而对最终商品价格产生的影响。但各种因素在实际生活中会产生什么样的具体影响，以及这种影响的大小，还需要经过实证检验（见后文）。

表 2-1 各种因素的具体影响

变化因素		商品价格
钢铁产量	增加	上升
	减少	下降
铁矿石产量	增加	下降
	减少	上升
铁矿石进口量	增加	下降
	减少	上升
铁矿石港口库存量	增加	下降
	减少	上升
石油价格	提高	上升
	降低	下降
利率	提高	上升
	降低	下降
海运费	提高	上升
	降低	下降

因此，这些多样化而非单一化的因素通过影响矿产资源的供求关系，进而造成了国际铁矿石资源价格波动。本书将铁矿石港口库存量、石油价格、利率、海运费作为内生变量，将由这些因素导致的供求变动与由市场自身的供给和需求形成的均衡相互连接，从而构成铁矿石价格波动研究的理论模型。

二、市场失灵理论

在经济学中，市场失灵是指在自由市场中，商品和服务的分配效率低下，无法形成帕累托最优状态。常见的市场失灵包括外部性、垄断、信息不对称和要素不流动（Bator，1958）。在现实社会中，由于微观个体或企业组织的经济行为并非如理论预期的具有一般化的偏好或绝对的理性，加之信息不对称、市场非完全竞争、投机等因素，容易导致市场失灵。当市场处于失灵状态时，就需要政府对市场进行适当干预。

本部分主要介绍铁矿石市场的垄断以及信息不对称因素，试图从铁矿石市场的特点出发进行理论分析，理解铁矿石价格产生波动的原因和机理，为本书的实证研究奠定理论基础。

1. 垄断

寡头垄断模型共有三种，分别是古诺模型、斯威齐模型和卡特尔模型。其中，古诺模型是双寡头模型，主要论述了在没有相互协调情况下，双寡头厂商是如何决定各自产量的；斯威齐模型主要考虑到寡头间的相互依存关系，寡头间的竞争关系与其对自身的市场份额控制相关；卡特尔模型描述了多寡头相互串谋的关系，即共同控制市场价格、产量，其目的在于将竞争市场转变为垄断市场。铁矿石市场中，力拓、淡水河谷、必和必拓、FMG 四家企业的铁矿石供给量占据全球50%以上的市场份额（洪水峰和张亚，2019）。刘静萍和郑国强（2011）认为由于铁矿石供给巨头相互消灭的成本极高，因此它们完全可以通过协议或者其他方式达成妥协，即形成卡特尔式垄断，达到共同操纵市场、获取高额垄断利润的目的。而上述寡头垄断已对我国铁矿石供给安全形成巨大威胁，主要表征为我国铁矿石需求量居世界第一位，但我国对铁矿石并无定价权。

2. 信息不对称

传统经济学理论认为，在完全竞争市场中，由于交易双方的信息交流不畅通或掌握的信息不对等，导致交易双方不能做出有效的资源配置决策。更为严重的是，当交易的某一方比另一方掌握更多的信息或了解对方更多信息时，将会做出更有利于己方的行为决策，从而导致寻租行为或投机行为。这种寻租行为或投机行为会进一步加深交易双方的信息不对称，其结果是因交易双方负担高额的隐性成本，导致交易双方或某一方承受巨大利益损失，甚至直接导致交易失败。从经济学角度来看，信息不对称会严重扭曲调节商品和服务定价的供求规律。

在铁矿石交易市场中，这种信息不对称表现得尤为突出。现阶段，我国铁矿石储量虽然较为丰富，但由于我国铁矿石品位较低、分布零散，导致国内铁矿石生产无法满足国内铁矿石需求，仍需要大量依赖进口。2011年前后，我国经济社会处于高速发展阶段，对钢材的需求量日益增加，国内钢铁企业必须在全球范围内采购高品位铁矿石。四大国际铁矿石寡头企业联手抬高国际铁矿石价格，甚至以次充好，利用信息不对称的优势损害我国钢铁企业的利益。此外，由于我国钢铁企业规模差异较大且分散在各省，无法形成利益联盟，在信息共享方面还存在劣势，缺乏铁矿石定价的国际话语权，在国际铁矿石交易中处于被动局面，容易造成国民经济损失。2021年，中国多家钢企表示，中国铁矿石市场定价机制失灵，而铁矿石价格居高不下的主要原因，在于供给端的高度集中，主导权大多在卖方手中。因此，研究铁矿石价格波动的原因，不仅要考虑供需平衡，还要考虑世界铁矿石供求的客观实际，同时纳入市场失灵，特别是寡头经济、信息不对称等因素。

三、溢出效应理论

溢出效应理论源自外部性理论，大多时候也被称作外部效应。外部性概念的首次提出可以追溯到100多年前。1890年，马歇尔在《经济学原理》中首次提出“内部经济”和“外部经济”这两个概念，用来分析和说明工业组织变化对工业产量的影响机制。马歇尔认为：“工业总产量的增加会产生一个外部经济，从而使企业比之前花费更少的劳动和成本来制造商品；任何商品总生产的增加都会增大某个代表性企业的规模，从而增加该企业所有的内部经济。”尽管马歇尔没有明确提出外部性的概念，但他对外部性的研究起到了引导性作用。

随后，庇古在马歇尔“外部经济”的启发下，提出了外部性理论。庇古将外部性的研究范围从外部对企业或组织的影响拓展到企业或组织的行为对其他个人、企业或组织的影响。庇古将外部性分为正外部性和负外部性。他认为：“正外部性表现为私人边际收益小于社会边际收益或私人边际成本大于社会边际成本，负外部性表现为私人边际收益大于社会边际收益或私人边际成本小于社会边际成本。”为了解决外部性问题，庇古提出了以税收形式的“庇古税”来解决外部性问题。庇古认为政府应该对市场进行适当干预，当企业或组织产生负的外部性时，政府应该对该企业或组织征税；当企业或组织产生正的外部性时，政府应该对该企业或组织进行补贴，从而保证社会福利的最大化。但由于现实中，企业或组织产生的外部性难以精确计算，并且政府实施的补贴和税收政策具有不同成本，导致“庇古税”的实际可操作性较低（Pigou and Aslanbeigui，2002）。

1960年，诺贝尔经济学奖获得者科斯在《社会成本问题》中重新探讨了外部性问题，并对庇古的“庇古税”进行了批判。科斯认为，外部性产生的损失或侵害是双向性的，并不是某一方对另一方的侵害。当交易费用为零时，理性的经济活动会考虑外部性的收益和成本，双方会采用没有交易成本的协商方式进行自愿协商，从而达到资源配置的最佳效果，此时“庇古税”就失去了意义。当交易费用不为零时，解决外部性的问题需要通过比较、权衡各种政策手段的成本和收益，此时“庇古税”既可能是最有效的制度安排，也可能是最低效的制度安排（Coase，2013）。随着全球环境问题的日益突出，科斯定理逐渐被应用到外部性问题内部化的具体实施当中，催生了如排污权交易等一系列制度，为解决外部性问题提供了可行方案。但科斯定理存在一定的局限性，如发展中国家市场化程度不高，科斯定理难以发挥作用；自愿协商的前提是有明确的产权界定；等等。

溢出效应则是在外部性理论的基础上，逐渐发展并受到学者关注的。溢出效应是指个别组织或企业进行的经济活动对其他组织或企业的生产和消费环节产生好的或坏的经济效果。溢出效应本质上是一种外部性现象，这是因为溢出效应是市场内或市场间不同组织或企业的相互影响，溢出效应给双方带来的收益或损失通常无法通过市场价格表现。有关溢出效应的研究主题主要分为技术溢出、知识溢出、空间溢出、宏观经济溢出等。关于大宗商品尤其是大宗金属市场的溢出效应研究则主要关注大宗金属价格的波动溢出效应，侧重于研究不同大宗金属期货市场期货价格波动的相互影响、相互联系的溢出效应，不同大宗金属现货市场金属价格波动的相互影响、相互联系的溢出效应，大宗金属期货与现货市场间价格波动的溢出效应，以及大宗金属价格波动对产业链上下游的溢出效应。

溢出效应是信息在不同市场中传递的现象，一般被归纳为均值溢出效应和波动溢出效应。均值溢出效应是指某个市场中资产价格或价值的变化对另外一个或多个市场产生的影响，这种影响有明显的正负方向性。波动溢出效应则是指某个市场中资产价格或价值的变化会引起另外一个或多个市场产生明显的波动或波动加剧，这种影响没有正负之分。在本书中，铁矿石价格波动受多方面因素影响，而世界主要交易发生主体或称供需双方，为中国和世界四大矿产企业。由于世界四大矿产企业，特别是澳大利亚必和必拓在铁矿石供给方面的垄断地位，导致国际铁矿石价格经过传导，波动势必影响中国国内铁矿石价格，而铁矿石价格在垄断企业影响下的波动亦会造成负的经济外部性。因此，在研究铁矿石价格时，了解经济外部性的基本理论是十分必要的。

四、市场整合理论

市场整合理论主要探讨不同维度上、不同市场间存在的联系，具体而言可以划分为三类：空间市场整合、垂直市场整合和跨商品市场整合。经济学家长期关注市场整合问题，但学术界并未对“市场整合”的概念给出统一的、明确的定义（Fackler and Goodwin，2001）。市场整合的概念并未被经济学家总结为一种经济现象或经济规律，而是在实证研究中被具体量化为某种特定的统计学指标进行研究（McNew，1996）。而且，在大多数研究中，市场整合的概念因为缺乏统一、明确的定义，经常与市场效率的概念混淆使用（Barrett and Li，2002；全世文等，2015）。虽然缺乏统一、明确的定义在实际研究中意味着学者无法采用统一的研究框架对市场整合的经验研究结论进行比较分析，但不同类型的“市场整合”之间的研究边界仍然清晰，而空间市场整合的研究范畴也相对更加明确。

空间市场整合从本质上讲，是由于资源配置在地理上的差异导致了特定商品需要在空间维度上展开贸易往来，例如国际铁矿石市场和国内铁矿石市场，即铁矿石在局部地区表现为供过于求，而在其他地区表现为供不应求。贸易往来使不同市场之间建立了在空间维度的联动关系，包括运输成本、基础设施建设、汇率政策、贸易政策在内的多种因素都会对这种联动关系造成影响。Baulch（1997）指出关于市场整合的系列研究聚焦于探索空间市场的联动关系上，进而为市场体制改革、贸易政策和价格稳定政策的制定提供科学依据。其中一个重要的研究问题就是，评估本地市场给区域市场或国际市场带来的外部冲击有何响应，或者本地市场的冲击是否以及在多大程度上会传递到区域市场或国际市场。

垂直市场整合关注两类经济现象：一是上下游产业链中不同产品市场之间的价格联动关系，例如铁矿石市场和钢铁市场；二是上下游供应链中同种产品不同市场之间的价格联动关系。跨商品市场整合关注同一产业链的不同产品市场之间的价格联动关系，其分析侧重在发现不同产品是否存在替代性或互补性关系，例如炼钢市场（长流程炼钢）和废钢市场（短流程炼钢）。本书关注铁矿石市场的联动机制，重点关注空间市场整合和垂直市场整合问题，即国际铁矿石市场和国内铁矿石市场、铁矿石市场和钢铁市场。

综合来看，现有研究的一个基本共识是，空间市场整合与价格传导密切相关，实现空间市场整合意味着价格信号可以在由地理隔离的市场之间平滑地传导，且一个市场的价格冲击可以被其他市场感知并做出反馈。价格传导意味着某个市场的价格变化可以引起其他同质商品市场发生相应的价格变化（Kabbiri et al.，2016），这种调整的速度越快、程度越深，即说明价格传导的程度越深，市场整合的程度也越深。

第三章

全球铁矿石资源市场分析

铁矿石是地壳中含量最丰富的矿石之一，主要可分为磁铁矿石（Fe_3O_4，72.4%Fe）、赤铁矿石（Fe_2O_3，69.9%Fe）、针铁矿石［FeO（OH），62.9%Fe］、褐铁矿石［FeO（OH）·n（H_2O），55%Fe］和菱铁矿石（$FeCO_3$，48.2%Fe）等。铁矿石是用于制造生铁的原料，生铁是炼钢的主要原料之一，98%的开采铁矿石被用于炼钢，其中含有大量赤铁矿石或磁铁矿石（铁含量超过60%）的矿石被称为“天然矿石”或“直接运输矿石”，可以被直接送入炼铁高炉。人类早在千年之前就已开始锻造铁器。尽管早期冶铁工艺不成熟，但铁器进入人类社会本身，已经标志着人类社会发展的进步。随着人类社会进一步发展，冶铁技术突飞猛进，铁矿石逐渐成为社会发展无可撼动的主要原材料之一，其产业链下游制成品，如钢铁、粗钢、不锈钢等，涉及社会生产、发展的各个环节。本章从三个方面对铁矿石资源相关情况进行概括：首先，总结铁矿石资源储量与分布的客观情况，以及其可能产生的影响；其次，归纳总结国内、国际铁矿石资源供需现状；最后，对未来我国铁矿石资源供需态势进行展望。

第一节　铁矿石储量与分布

钢铁是机械装备、建筑和制造业等各部门的基本材料，在国民经济中起着巨大的作用，目前暂无其他材料可以有效替代。钢铁工业是对国计民生有着重要影响的基础原材料产业，是国之基石，在我国迈向社会主义现代化强国的进程中发挥着不可替代的作用。毋庸置疑，钢铁行业的发展主要依赖铁矿石资源，而铁矿石资源供给安全也受到资源储量、开发等因素的影响。

本节将重点讨论中国铁矿石储量与分布、铁矿石勘探与开发等问题。其中数据主要来自国家相关行业门户网站公布的资料，包括中华人民共和国自然资源部网站《矿产资源报告》、中国地质调查局《全国地质勘查进展》、中华人民共和国国家统计局网站统计数据、中华人民共和国工业和信息化部工信数据、中国海关总署统计数据、Mysteel 官网数据和冶金工业规划研究院公开报告等。

一、中国铁矿石储量与分布

本节将介绍中国铁矿石资源的储量、资源分布情况，从而对我国铁矿石资源产业和铁矿石供给有一个基础了解。早在 20 世纪 50 年代，我国就开始组织大规模的铁矿石资源勘查工作，在此之后，这项工作一直是资源勘查领域的重点。2009 年发布的《全国矿产资源规划》，将铁矿石列为鼓励勘查和开发的重要短缺矿种，并出台了《全国矿产资源规划（2008—2015 年）》，要求在此期间实现铁矿石资源勘查的重大突破，新增铁矿石资源储量 90 亿吨（吴新春，2011）。

自然资源部统计的中国铁矿石查明资源储量显示：2000 年以来，中国铁矿石新增查明资源储量增长速度差异较大，查明资源储量增加主要是在 2007—2016 年，2007—2010 年 3 年之间新增查明资源储量 101.6 亿吨；“十二五”期间（2010—2015 年）新增 135.8 亿吨。但随着国内铁矿石的高速开采，铁矿石资源查明储量呈现降低或缓慢增长趋势。2016 年之后新增查明资源储量较少，均在 10 亿吨以下，多呈现下降态势，查明资源储量始终维持在 850 亿吨左右（见表 3-1）。截至 2019 年，全国铁矿石查明资源储量为 849.2 亿吨，但并不是所有铁矿石资源均能被用于工业生产，不被工业生产采用的铁矿石资源占已有资源的 38.5%（李娜，2011）。中国铁矿石储量从 2002 年就一直维持在 200 亿吨以上，到 2016 年为 201.2

亿吨。

表 3-1　2007—2020 年中国铁矿石查明储量及资源潜力（部分年份数据未标注）

年份	2020	2019	2018	2017	2016	2015	2010	2007
铁矿石查明资源储量/亿吨	—	849.2	852.2	848.9	840.6	850.8	715.0	613.4
新增查明储量/亿吨	1.0	5.3	9.9	14.5	5.2	12.0	92.9	17.1
预测资源量/亿吨	—	—	1960.0	—	1960.2	—	2642.0	—
资源查明率/%	—	—	30.2	—	33.2	—	27.0	—
储量/亿吨	—	—	—	—	201.2	207.6	222.3	223.6

中国铁矿石资源分布较为分散，规模以上铁矿石生产区共 1898 处，其中储量大于 1 亿吨的大型矿区有 101 处，合计储量占比为 68.1%；储量在 0.1 亿~1 亿吨的中型矿区有 470 处，合计储量占比为 27.3%；储量小于 1000 万吨的小型矿区有 1327 处，合计储量占比为 4.6%（吴乐乐，2015）。

全国各省、自治区、直辖市均有已探明的铁矿石资源，整体勘查程度呈现中东部地区和浅部高、西部地区及深部低的特点（赵立群等，2020）。国内铁矿石资源查明储量主要分布在内蒙古、河北、四川、云南、山东、安徽、辽宁、山西 8 个省（区），分为冀东—北京、鞍山—本溪、宁芜—庐枞、五台—岚县、攀枝花—西昌 5 个主要铁矿石储量分布区。

其中，鞍山—本溪铁矿石储量分布区中的辽宁鞍山矿区是我国铁矿石产量最大的矿区。辽宁鞍山矿区现有已勘查的矿区 45 处，其中大型及以上矿床 23 处、中小型矿床 14 处，累计查明铁矿石资源储量为 125.6 亿吨，保有铁矿石资源储量超过 100 亿吨，占辽宁省铁矿石保有资源储量的 90.0%以上，其铁矿石平均品位为 30%，精选后含铁量可达 60%以上（张朋等，2012）。

我国钒钛磁铁矿石主要位于攀枝花—西昌铁矿石储量分布区，其中四川攀西矿区分布最为集中。四川攀西矿区有白马、红格、攀枝花、太和四大矿田，在已探明的 14 处矿区中，有大型及以上矿床 7 处、中型矿床 7

处。截至2009年，四川攀西矿区钒钛磁铁矿石的潜在资源量为194亿吨，经估算可新增铁矿石资源量为1.68亿吨，占全国铁矿石总储量的15%以上，但铁矿石品位较低，仅为15%～40%，开采成本较高，经济可供量较少。

冀东—北京、五台—岚县铁矿石储量分布区位于我国华北地区，主要分布在迁安、宣化、邢台、邯郸，以及内蒙古和山西各地。其中，冀东地区铁矿石主要为沉积变质型铁矿石、岩浆型铁矿石，占河北省已探明储量的96%，平均品位为33%；内蒙古包头地区的铁矿石主要是铁、铌、稀土矿，白云鄂博铁矿石的储量约为14亿吨，含铁量达到20%～68%。中南地区的主要铁矿石产区是湖北大冶、湖南湘潭、河南安阳和舞阳，以及江西和广东等地。其中，大冶矿区储量比较丰富，品位可达50%～60%。宁芜—庐枞铁矿石储量分布区位于我国华东地区，主要铁矿石产区分布在安徽芜湖、江苏南京，以及庐江县等地，铁矿石储量占全国总储量的4.6%。

在铁矿石品位方面，查明储量中富矿资源仅占1.18%，而贫铁矿石资源占94.6%，铁矿石平均品位为34.5%（2020年），较全球平均品位46.6%低约12个百分点。富铁矿石资源要求铁含量超过50%，并分为炼铁用富铁矿石、炼钢用富铁矿石和需选富铁矿石3种。而我国富铁矿石床分布较分散，尤其是中型和大型的分布更加不均匀。具体的富铁矿石根据地质类型主要分5类：沉积变质型，主要分布在鞍山地区；陆相火山—侵入岩型，主要集中在宁芜—庐枞，达1.51亿吨；海相火山—岩型，分别是海南石碌铁矿石床和新疆新源县式可布台铁矿石床；矽卡岩型，所分布的省份超过15个；热液型，可细分为高—中温热液型磁铁矿石矿床和中—低温热液型菱铁矿石矿床，泸沽富铁矿石属于此类富铁矿石（赵一鸣，2013）。

综合来看，中国铁矿石资源整体表现为资源总量多、分布广，贫矿多、富矿少，平均品位低的基本态势。虽然总储量上有一定优势，但客观储集环境恶劣导致的高开采成本和高开采难度，制约着国产铁矿石价格，并进一步限制着国内铁矿石资源的自我供给能力。

二、全球铁矿石储量与分布

根据美国地质调查局（USGS）统计，截至 2020 年，全球探明铁矿石储量约为 1800 亿吨，其中铁元素约为 840 亿吨（U. S. Geological Survey，2021）。同时，根据有关学者研究估算，全球大洋中铁锰结核总量在 30000 亿吨以上，铁含量约为 13%（费雪锦和邱电云，1994）。由此不难得出结论，铁矿石资源在全球范围内是丰富的。另外，全球铁矿石的主要地质学成因可分为沉积变质型（BIF 相关型）、火山成因型、岩浆型、接触交代—热液型和沉积型五大类，其中沉积变质型和火山成因型两种铁矿石床类型在全球资源总量中占 80%以上。不同的铁矿石成因类型，使得铁矿石蕴含杂质不同，这会影响铁矿石提炼难易程度，最终会对不同国家铁矿石的有效供给量有所影响。赵宏军等（2018）收集整理了全球铁矿石床数据，从地质构造角度，圈出 33 个铁矿石分布区和 47 个铁矿石重要分布带，从中可以看出，铁矿石资源的分布是广泛的、全球性的。

尽管铁矿石资源在世界范围内分布广泛、储量丰富，但其也显示出某些特征，这些都影响了全球铁矿石资源的供给态势，下文就其分布特征进行了详细讨论。据 2020 年的统计，澳大利亚拥有世界最大铁矿石储量，具体有 500 亿吨。排名其后的分别为巴西、俄罗斯、中国、乌克兰，储量分别为 340 亿吨、250 亿吨、200 亿吨、65 亿吨。从铁元素含量来看，前四个国家也是铁元素含量最高国家，其中澳大利亚铁元素含量达到 240 亿吨，而印度以 34 亿吨超越乌克兰与加拿大，排名第五（见表 3-2）。除表 3-2 中国家外，其他国家铁矿石储量总和为 180 亿吨，铁元素含量为 95 亿吨。

表 3-2　2020 年世界各国铁矿石储量与铁元素含量

国家	铁矿石/亿吨	铁元素含量/亿吨
澳大利亚	500	240
巴西	340	150
俄罗斯	250	140
中国	200	69
乌克兰	65	23
加拿大	60	23
印度	55	34
美国	30	10
伊朗	27	15
哈萨克斯坦	25	9
瑞典	13	6
南非	11	6.4
其他国家	180	95

数据来源：Statista 全球统计数据库。

从表 3-2 可看出，铁矿石世界储量前五位国家占全球铁矿石总储量的 75%左右（以美国地质调查局 1800 亿吨为总量计算），铁元素世界储量前五位国家亦占全球铁元素总储量的 75%左右（以美国地质调查局 840 亿吨为总量计算），而世界储量前五位国家位于中亚、东亚、南美，以及大洋洲，欧洲与美国铁矿石资源相对稀少，世界其他国家储量更少，不利于当地经济发展。综合以上不难看出，全球铁矿石资源尽管丰富，但资源分布十分不均，这是全球铁矿石资源分布的一大特点。

全球铁矿石资源分布另一大特点就是资源品位差异较大。根据澳大利亚能源与矿产部门官方定义，铁含量高于或等于 60%的为高品位铁矿石，低品位铁矿石铁元素含量在 25%～30%。2011 年，贾国锋和王仁财（2011）分析了世界大型、超大型铁矿石区平均铁矿石品位，如表 3-3 所示。

表 3-3　世界大型、超大型铁矿石区平均铁矿石品位

位置	矿区名称	平均铁矿石品位/%
澳大利亚	哈默斯利矿区	57
巴西	铁四角、卡拉加斯	60~67
玻利维亚—巴西交界	木桶乌鲁库姆矿区	50
印度	比哈尔、奥里萨矿区	65
加拿大	拉布拉多矿区	36~38
俄罗斯	库尔斯克—卡奇卡纳尔矿区	46

作为世界最主要铁矿石供给国，澳大利亚需要被格外关注。澳大利亚经济上可开采的大型铁矿石区基本位于西澳大利亚州和南澳大利亚州。西澳大利亚州占有 86%的全国铁矿石资源，具有主导地位，而南澳大利亚州占有 10%的铁矿石资源，剩余的少量铁矿石资源分布于塔斯马尼亚、北领地和新南威尔士。澳大利亚的高品位铁矿石是世界供给的主要源头，其高品位铁矿石以赤铁矿石为主，大多数赤铁矿石是从西澳大利亚州哈默斯利省的矿床中开采的。

此外，除表 3-3 中的国家、地区外，哈萨克斯坦铁矿石品位可达 65%左右，几内亚富铁矿石品位达 56%~78%。综合上述情况可以看出，全球范围内铁矿石资源品位差异较大。相较而言，中国铁矿石储量虽大（位居世界第四），但平均品位低（平均不到 33%，高品位铁矿石占比仅为 1.2%~3%），超大型矿床少。

三、中国铁矿石勘探与开发

我国钢铁行业近年逐渐由粗放型转变成低碳科学型，受行业发展方向及资源状况影响，铁矿石资源勘探呈现放缓趋势。自然资源部统计结果显示，我国铁矿石资源勘探资金投入减少，特别是 2012—2017 年，勘探力度呈现急速下降趋势，资金投入由 49.54 亿元降低至 4.51 亿元，降幅达到 90%；2011—2017 年，勘探工作量由 389.34 万米降低至 30 万米，降幅达

到92%。而2017年后，勘探力度稳定，资金投入维持在2亿~3亿元/年，勘探工作量维持在17万~24万米/年（见表3-4）。2020年勘探投入虽有所回升，但仍在低位运行，资金投入为2.48亿元。这些表明目前中国铁矿石资源勘探潜力达到瓶颈，侧面表明国内铁矿石资源供给将不会出现重大突破。

表3-4　2011—2020年中国铁矿石资源勘探资金投入及勘探工作量

年份	资金投入/亿元	勘探工作量/万米
2020	2.48	20.00
2019	2.24	17.00
2018	2.84	24.00
2017	4.51	30.00
2016	10.28	59.00
2015	17.61	97.00
2014	25.54	165.00
2013	35.40	229.00
2012	49.54	291.00
2011	40.07	389.34

数据来源：自然资源部。

同时，中国铁矿石资源开采方式正在发生转变。一方面，中国铁矿石开发早期以露天开采为主，但经过几十年的开采，地面资源越来越少，且露天开采还伴随恶化矿山及周边生态环境的风险。另一方面，目前国内铁矿石资源勘探深度多在500米以浅，深层铁矿石资源勘探力度较小。随着近年深层铁矿石资源的不断发掘，未来中国铁矿石资源的开采方向将向深层铁矿石资源迈进。

开发成本方面，通过考察国内外铁矿石的成本加运费（CFR现金成本）可以发现，我国与主要进口国澳大利亚、巴西铁矿石的CFR现金成本相差较大，差值均在2倍以上。2020年，我国铁矿石CFR现金成本为82.8美元/吨，而最低的5个国家印度、澳大利亚、巴西、南非、俄罗斯，其 CFR 现金成本分别为 26.7、34.5、36.0、38.6、60 美元/吨。统计全球 10 国的铁矿石成本曲线（见图 3-1）可得，印度、澳大利亚、巴西、南非、俄罗斯铁矿石开采成本远低于我国，而其他国家铁矿石开采成本与我国基本持平。

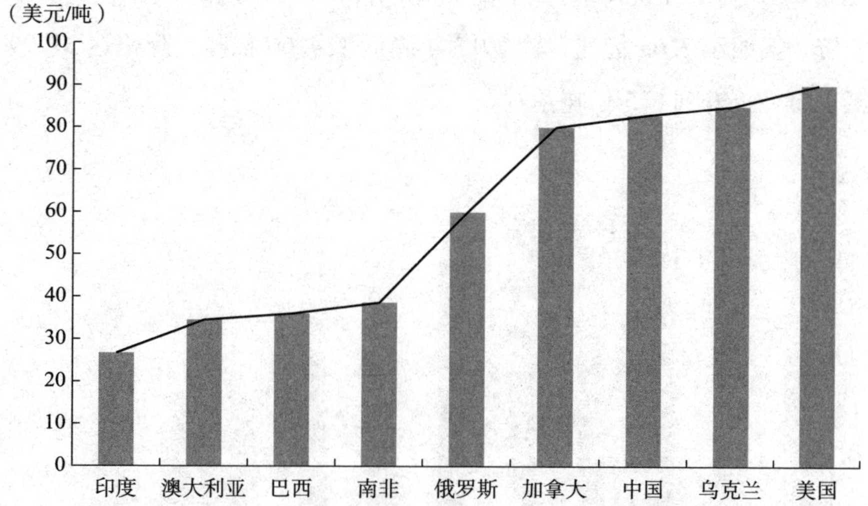

图 3-1　2020 年全球各国铁矿石开采成本曲线

第二节　铁矿石资源供需现状

供需方面的变化会显著影响铁矿石价格，本节首先介绍中国铁矿石供需现状，包括国产铁矿石供给、国内铁矿石需求和铁矿石替代资源供给情况；其次，介绍铁矿石国际供需现状，以期从全局角度阐明铁矿石供需格局。

一、中国铁矿石供需现状

本部分将介绍我国铁矿石资源供给现状及我国铁矿石资源需求现状，从中找出中国铁矿石资源供需差异，同时介绍我国铁矿石进口情况和铁矿石的替代资源消费情况，从而全面了解我国铁矿石资源的供需格局。

伴随中国钢铁行业的快速发展，中国铁矿石需求量呈现逐年上升趋势，但国内铁矿石产量呈先升后降再升的趋势。通过国家统计局数据可知（见图 3-2），2010—2014 年中国铁矿石产量总体呈上升态势，2014 年总产量达到峰值 15. 14 亿吨，之后开始下降，2018 年，中国铁矿石产量出现大幅下降，萎缩至 7. 63 亿吨，较 2017 年降低了 4. 66 亿吨，降幅达 37. 9%。随后又缓慢提升到 8. 5 亿吨左右。

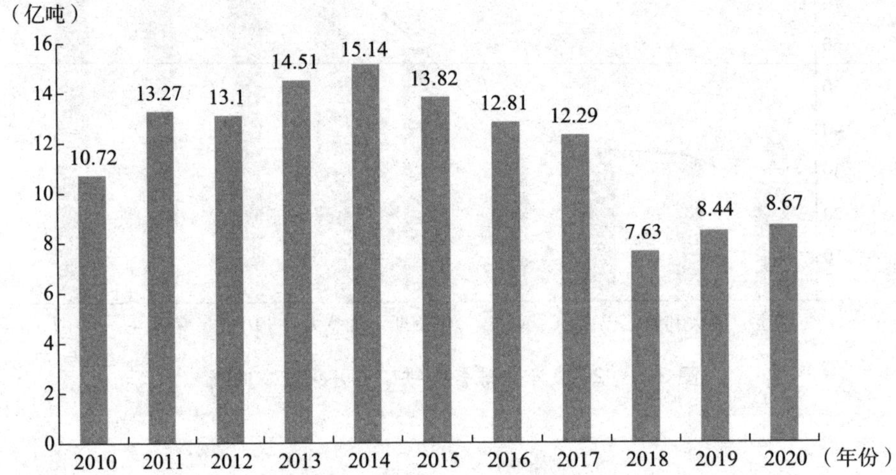

图 3-2　2010—2020 年中国铁矿石产量

数据来源：国家统计局。

2021 年，中国铁矿石供应量仅占国内钢铁行业需求的两成，主要的铁矿石资源供应严重依赖进口，这一方面是我国铁矿石资源储量及分布条件差、开发难、成本高导致的，另一方面也是我国钢铁行业飞速发展、钢铁产量不断提高、铁矿石需求量上升造成的。

1949 年新中国成立后，国内粗钢产量仅为 15. 8 万吨，占全球的 0. 1%，由于钢铁行业的发展直接关系到国家建设，我国将促进钢铁行业发展纳入了历年的发展规划中。1960 年，中国粗钢产量达到新中国成立后的第一次高峰，为 1866. 0 万吨；1978 年突破 3000 万吨；1996 年达到 1 亿吨。2010—2020 年，中国钢铁产量呈现上升—平稳—上升的趋势（见图 3-3）。粗钢产量从 6.27 亿吨逐渐上升到 10.65 亿吨，生铁产量也从 5.9 亿吨逐渐上升到 8.88 亿吨。

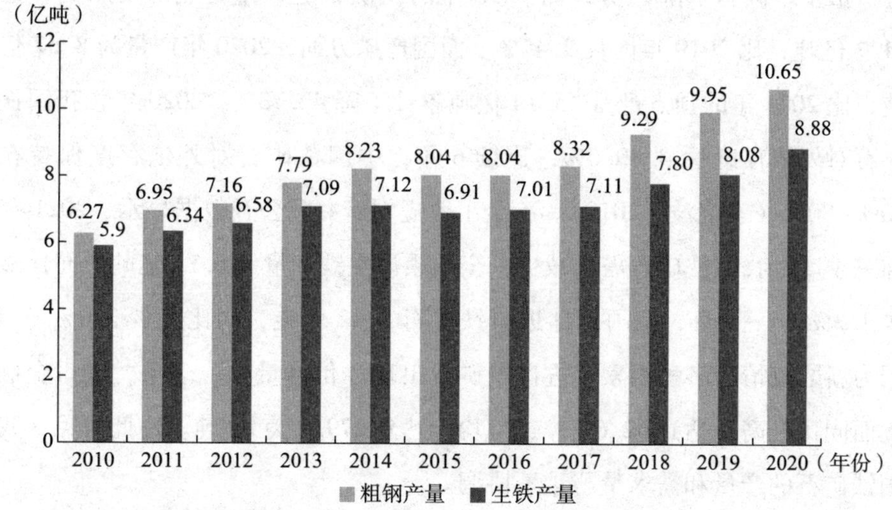

图 3-3　2010—2020 年中国钢铁产量

数据来源：国家统计局。

目前，中国拥有全世界一半的钢铁产能，从国内铁矿石产量（理论上铁矿石到钢铁的转化率约为 40%）和粗钢、生铁产量上可以看出，国内铁矿石供给远远无法满足需要，因此铁矿石进口成为弥补国内铁矿石需求缺口的重要途径之一。从 1988 年开始，中国钢铁产量达到世界第一位，到 1996 年后，我国成为铁矿石净进口国。1995 年后，铁矿石产量呈逐渐下降趋势，1995—1999 年的铁矿石产量下降幅度达 16.0%。然而，在同一时期，我国钢铁工业对铁矿石的需求量增长了 13.3%。到 2000 年后，铁矿石进口增长速度达到了 18.7%。目前，我国铁矿石约有 80%需要依靠进口。2021 年 1—8 月，铁、矿砂及其精矿进口金额高达 1330.57 亿美元，全年进口金额增长 82.6%。对外依存度高，是我国钢铁行业面临的主要困境。

海关总署的统计数据显示，2010—2020 年，我国铁矿石进口量呈总体上升态势（见图 3-4）。2010 年我国铁矿石进口量达到 6. 19 亿吨，2017 年达到阶段性高点 10. 75 亿吨，比 2016 年增长 4. 98%，8 年间铁矿石进口量累计增幅高达 73. 67%。2010—2020 年，仅有 2018 年和 2019 年的铁矿石进口量呈现微弱下降趋势，而 2020 年的铁矿石进口量再创历史新高，达 11. 7 亿吨，比 2019 年增长 9. 45%。而国产矿方面，2020 年产量为 8. 67 亿吨，比 2014 年的顶点产量 15. 14 亿吨累计下降 42. 73%。2020 年，我国铁矿石对外依存度达到 80. 6%，连续 6 年，中国铁矿石对外依存度保持在 70%~80%（王晓波，2019）。冶金工业规划研究院公开数据显示，2021 年前三季度，我国铁矿石需求减少，全国累计生铁产量为 6. 71 亿吨，同比减少 1. 3%；1—9 月，全国累计进口铁矿石 8. 42 亿吨，同比减少 3. 0%。但因为新冠疫情等多种因素，进口铁矿石出现“价增量减”现象，进口金额反而同比升高，达到 62. 6%，进口均价达到 179. 1 美元/吨。由此可见，我国铁矿石的产量和需求量严重不协调。

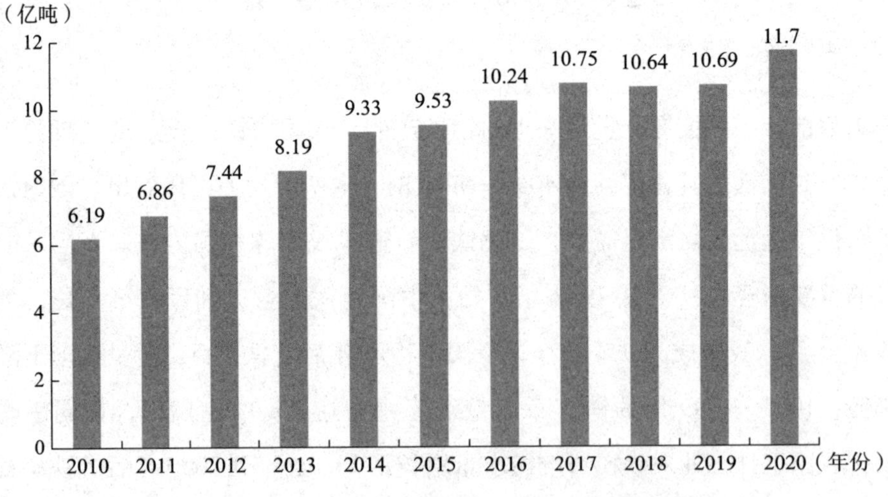

图 3-4　2010—2020 年中国铁矿石进口量

数据来源：海关总署。

需要指出的是，若从铁矿石进口来源看，中国铁矿石主要进口国为澳大利亚和巴西，占中国铁矿石进口额的 80%以上。2020 年中国进口的 11. 7

亿吨铁矿石中就有 9.5 亿吨来自这两个国家，这也导致了我国铁矿石进口来源单一。

全球第一的钢铁生产需求、不断增长的铁矿石进口需求，使我国成为铁矿石进口第一大国；同时，中国铁矿石进口价格暂时是不受控的。不受控的主要原因是国内铁矿石资源条件不佳，难以满足钢铁行业发展，必须依赖进口；还有一个原因是，四大矿商（早期是澳大利亚的必和必拓、英国的力拓和巴西的淡水河谷三大矿山企业，后加上澳大利亚的 FMG）对铁矿石资源的高度垄断。我国铁矿石资源进口依存度高，且进口来源单一，高度依赖特定国家，使得我国铁矿石供给安全受到严峻考验，易出现铁矿石进口贸易损失大、钢铁行业利润下降的问题。例如，近年来因价格上涨，我国铁矿石进口贸易一直处于受损状态。随着铁矿石价格持续保持上涨态势，我国铁矿石进口贸易损失逐年扩大，11 年累计达 5202 亿美元。其中，2020 年铁矿石价格暴涨，前 11 个月贸易损失高达 612 亿美元，远超过前 6 年年均 306 亿美元的损失水平（卢延纯等，2021）。

为提高铁矿石供给安全水平、弥补铁矿石资源需求，中国目前以回收利用废钢作为应对手段，且废钢相比铁矿石而言是更具有显著环境效益的可再生资源。废钢的短流程炼钢比主要原料为铁矿石的长流程炼钢更节能、更环保，综合生产成本优势明显。因此，加大废钢利用效率，对于促进我国高质量发展、可持续发展和钢铁工业产业优化升级，加快构建新的钢铁工业原料供给安全体系，进而形成以国内大循环为主体、国内国际双循环相互促进的新发展格局，具有十分重要的意义（侯永丰，2021）。

作为弥补我国铁矿石巨大需求的应对措施之一，废钢资源主要来自钢铁企业自产废钢、社会废钢和进口废钢。而我国废钢消耗途径主要为炼钢、铸造及出口等。以 2018 年为例，我国炼钢消耗废钢约 1.9 亿吨，约占当年废钢量的 86%。其中，转炉钢（长流程炼钢）废钢比为 15%，电炉钢（短流程炼钢）废钢比为 66%，当年废钢进口 12 万吨、出口 33 万吨。如果按我国粗钢产量 10 亿吨计算，其中转炉钢产量 9 亿吨、废钢比 20%，电炉钢产量 1 亿吨、废钢比 70%，年消耗废钢量预计达 2.5 亿吨左右；而如果按照 2025 年总体废钢率达 30%计算，届时废钢需求量将增加到 3 亿吨以上，废钢需求量将随着总体废钢的增加而大幅增长（李茂权，2021）。统计近年粗钢生产所用废钢用量可知（见图 3-5），我国废钢炼铁比例呈现缓慢上升态势，自 2018 年后，炼钢使用废钢比例超过 20%，达到全球平均水平。而废钢资源供给方面，2020 年我国废钢资源总量约为 2.6 亿吨，预计 2025 年我国废钢资源产生量将达到 3.4 亿吨以上。在我国环境保护力度逐渐加强的政策背景下，我国废钢产业将快速发展，未来废钢资源将成为铁矿石资源的有效补充，废钢替代铁矿石份额将长期呈现增长的趋势。

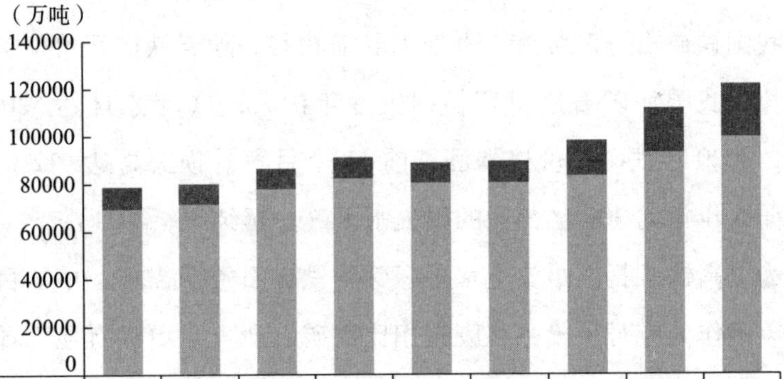

年份	2011	2012	2013	2014	2015	2016	2017	2018	2019
■ 废钢消耗	9340	8520	8570	8830	8330	9010	14791	18782	22175
■ 粗钢产量	69500	71600	77900	82300	80400	80400	83200	92900	99500
废钢比	13.44	11.90	11.00	10.73	10.36	11.21	17.78	20.22	22.29

图 3-5　2011—2019 年我国粗钢生产所用废钢量及占比

数据来源：国家统计局。

综合来看，我国经济发展迅速、对钢铁产量的高需求，导致铁矿石需求量猛增；而我国铁矿石品位较低，且开采成本高，使得我国不得不大量进口铁矿石，形成铁矿石对外依赖度高的局面；而铁矿石主要进口来源单一，进一步威胁我国铁矿石供给安全。为了缓解铁矿石供需不利的局面，且满足新时期绿色环保要求，我国采用废钢作为铁矿石替代资源，以期降低铁矿石需求。

二、全球铁矿石供需现状

国际铁矿石供给目前处于寡头垄断状态，淡水河谷、力拓、必和必拓和 FMG 是全球铁矿石资源领域的四大矿商。根据相关统计数据，四大矿商在铁矿石供给方面具有垄断地位。2020 年第一季度，四大矿商的铁矿石合计产量达 3.81 亿吨，占全球铁矿石总产量一半以上。四大矿商的铁矿石生产成本也偏低，其中淡水河谷的铁矿石生产成本低于 10 美元/吨，远低于全球平均成本 32 美元/吨；FMG 的铁矿石生产成本也仅为 18.6 美元/吨，且 2020 年产量达到 1.78 亿吨。四大矿商拥有全球成本最低的十大矿山，这些矿山生产成本均低于 20 美元/吨，而中国的进口铁矿石也主要来源于四大矿商。

受全球新冠疫情影响，全球供应链中断、部分工厂关闭，制造业生产活动由此放缓，从而对居民收入造成了直接影响，并对许多大宗商品造成了负面的供应冲击（Pak et al.，2020）。然而，由于新冠疫情在全球范围的影响程度并不相同，且各国对待疫情态度不一，其对各个国家货物出口量的直接影响表现出不同情况，就铁矿石而言亦是如此。

供给方面，某些国家铁矿石供给减少，巴西淡水河谷 2020 年铁矿石供给减少 1800 万吨。部分国家海运中断，同样会导致全球铁矿石供给下降。Mankowska 等（2021）研究了码头运营商如何应对由新冠疫情导致的码头中断状况，其中提到波兰什切青港由于疫情原因中断，从非洲和南美到波兰克拉科夫的铁矿石供应链也因此中断，这直接导致一家大型钢铁企业决定放弃炼铁厂的部分运营，即关闭高炉和钢厂，仅保留轧钢厂经营活动，其每年因此损失大约 10 万吨货物。

与上述案例相反，新冠疫情期间也不乏铁矿石供给上涨的情况。Narasimha 等（2021）在研究印度港口运输以及海运供给链的论文中，通过对印度相关专家学者的调研，肯定了新冠疫情对海运的影响，而众多海运货物中，铁矿石 2020 年相较 2019 年出口量上涨了 1600 万吨，涨幅为

29.11%，是该国为数不多出口量上涨的商品之一。但由于该研究侧重点是力图从全局对印度港口货运能力下降做出解释，因此并未关注在此背景下印度铁矿石出口量仍然上涨的原因。与印度情况类似，新冠疫情期间，澳大利亚铁矿石出口依然强劲，出口量持续增长。澳大利亚相关部门公开数据显示，铁矿石是澳大利亚资源行业的重要组成部分，在西澳大利亚州，其出口收入在新冠疫情的背景下带动该州的经济，约占州政府收入的1/4。世界铁矿石第二大供应国巴西供给持续短缺，国际铁矿石现货价格保持高位并持续上涨，2021年最高点达到194.5美元，打破了2011年创造的187美元纪录。这些因素综合起来，导致了新冠疫情期间澳大利亚铁矿石出口量持续增加。张艳飞等（2021）也认为澳大利亚铁矿石产业在新冠疫情期间是获益者，其铁矿石全球出口份额接近60%，相较于疫情前占据了更大市场。据世界四大铁矿商公开财务报告可知，新冠疫情对澳大利亚矿山产量影响较小。2020年，力拓、FMG、BHP铁矿石产量均有明显上升，只有巴西淡水河谷受新冠疫情以及先前矿难影响，铁矿石产量下降，但这种情况也是暂时的，通过其资产投资状况来看，未来淡水河谷产能将逐渐恢复。

从上述情况来看，国际铁矿石供给在近几年是剧烈波动的，铁矿石供应链表现不一，市场格局总体发生显著变化，澳大利亚铁矿石产业在澳大利亚政府的支持下抢占更大国际市场，在铁矿石供给话语权方面具有明显优势。

后疫情阶段，全球铁矿石供给逐步增加，其中部分原因在于国际铁矿石价格稳居高位。2019年以来国际铁矿石价格波动上涨，2021年铁矿石价格仍然保持上升态势，一度达到230.59美元/吨的最高点，吸引不少矿业企业追加资本性投入。同时，因为新冠疫情而下降的产能，也将在未来得到释放，部分国际供给慢慢恢复，铁矿石价格大概率将逐步恢复正常。可以看到，2021年下半年，中国钢铁生产放缓，铁矿石供应宽松，矿价开始下降。2022年，铁矿石市场保持供应宽松，矿价呈持续下行态势，在80~

100 美元/吨。

需求方面，从 Statista 全球统计数据库的数据来看，2020 年全球铁矿石进口量最大的是中国，远高于居第二位的日本，占铁矿石全球进口额的 75.40%（见图 3-6）。动态观察中国铁矿石进口量也可看出，2009 年至 2015 年前后，中国铁矿石进口量呈快速上涨态势，从 6.28 亿吨上涨至 9.5 亿吨，其后趋于平缓，稳定在 10 亿吨左右。因此，不难得出结论，全球铁矿石资源需求态势，可以说中国是主导因素。换句话说，讨论全球范围内的铁矿石需求，可分两方面进行，进口端讨论中国铁矿石需求。由于中国铁矿石供需现状已在上文进行阐述，此处将更关注中国铁矿石需求与外部联系，而不对国内铁矿石供给进行讨论。另外，本部分从全球钢企角度阐述铁矿石需求，因为铁矿石除出口外，大部分都被用于本国钢铁产业。

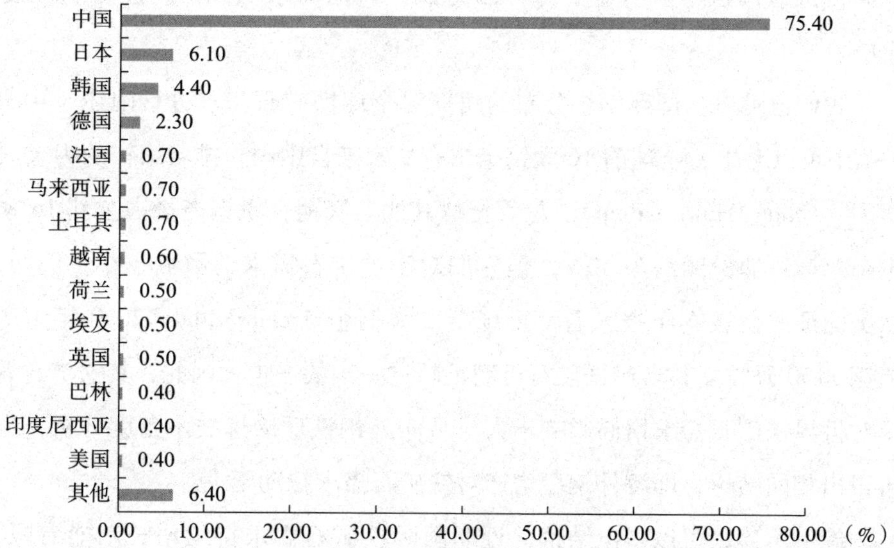

图 3-6　2020 年全球主要国家和地区铁矿石进口比重

数据来源：Statista 全球统计数据库。

铁矿石国际需求从进口端来看，中国占主导地位。中国铁矿石需求将持续保持稳定，伴随中国经济近期的稳定向好、区域经济的持续发展，以及产业结构的优化升级，中国的建材和钢铁制品需求保持稳定，沿产业链向上游的铁矿石需求进行传导。从经济角度而言，由于经济回暖，铁矿石作为基础工业材料需求上升无可厚非，但在国内提出“双碳”目标以及生态文明体制改革的大背景下，铁矿石需求亦受多方面因素影响。比如，出于供给侧结构性改革以及环保的双重要求，工业和信息化部在 2021 年 1 月发布文件《关于推动钢铁工业高质量发展的指导意见》，要求截至 2021 年底，确保全国各地区完成粗钢产量压减目标任务，进一步推动落后产能退出。由于粗钢产量下降预期，早在 2021 年 8 月，中国铁矿石进口量已下降 100 余万吨。中国钢铁产量的压缩导致全球铁矿石需求的增长停滞。

从上述情况可以看出，受国内宏观政策影响，中国铁矿石进口额大概率将不再增长，这种宏观政策的影响是占据主导地位的。同时，中国铁矿石进口额也不会明显下降，因为铁矿石的需求从经济角度分析是稳定的。

我们也可以从国际钢企分布的角度对全球铁矿石需求进行阐述。从图 3-7 中可以看出，全球前 16 大钢企中有 9 家来自中国，排名第一的为宝武集团（China Baowu Group）。尽管全球其他 7 家钢企粗钢产量占全部 16 家钢企总产量的份额约为 40%，但它们对于铁矿石需求的影响较小。例如，从美国证监会披露年报来看，全球第二大钢企 ArcelorMittal，2020 年生产粗钢 7150 万吨，其自产铁矿石可满足超过一半的需求。因此，其铁矿石需求对世界铁矿石需求格局影响不大。从海外钢铁厂冶炼技术角度分析，也可得出相同结论，即海外钢厂增产对铁矿石需求拉动不大。

综上所述，可以得出结论，近期国际铁矿石需求持续增长动能有限，主要原因是中国粗钢限产，而海外企业的铁矿石需求无法弥补中国粗钢产量增长停滞带来的铁矿石需求停滞。

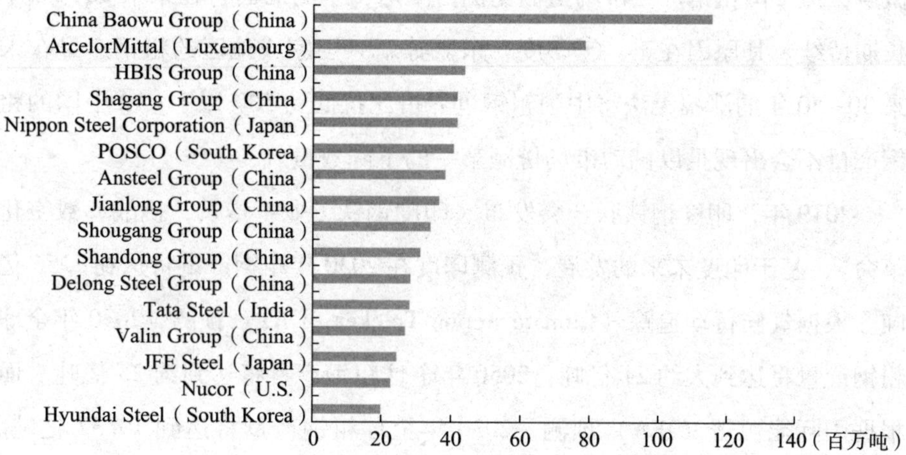

图 3-7　2020 年全球 16 大钢企粗钢产量

数据来源：Statista 全球统计数据库。

第三节　铁矿石资源供需态势展望

通过上文的阐述分析可以看出当前局势下国际市场与中国市场的铁矿石资源供需现状。当下，各国经济逐渐复苏，国际海运渠道打开，国际铁矿石供给量开始上升。此外，国际市场铁矿石价格处于高位，增加了铁矿石供给端强度；中国作为铁矿石需求大国，在需求端扮演重要角色。由于工业和信息化部粗钢限产条文的出台，预计中国铁矿石国际需求将不再增长。本节对铁矿石供需态势进行展望，总结未来铁矿石市场特点，以期厘清造成铁矿石未来价格波动的客观因素，这是研究铁矿石价格波动及其溢出效应的先决条件。

一、世界范围内铁矿石需求长期处于高位

根据商务部相关公开报告，中国将继续长期引领全球钢铁行业的发展。2020 年至 2030 年，尽管印度、东盟等新兴国家或地区的粗钢产量将

激增，但中国粗钢产量市场份额比例占全球一半的局面将在未来30~50年长期持续。其原因在于：①印度、东盟等新兴国家或地区的粗钢产量在未来30~50年的涨幅无法将中国粗钢世界占比拉低到50%以下；②中国的粗钢产量不会出现足以撼动市场份额第一的下降数量。

2019年，印度钢铁联合会发布《印度钢铁工业：增长，挑战，数字化革命》，基于印度未来的发展，预测印度在2030年粗钢产量将达到2.56亿吨。根据气候行动追踪（Climate Action Tracker，CAT）预测，2030年全球粗钢产量将达到大约21亿吨，2050年全球粗钢产量将达到约25亿吨。而根据国际能源署（IEA）预测，2030年全球粗钢产量将达到19.37亿吨。无论是哪种预测，2030年印度粗钢产量份额都将达到10%以上。同时，CAT预测，2030年中国粗钢产量在7亿~8亿吨，占比在33%~38%，这个比例大幅低于商务部预估的比例。其可能的原因有二：一是对于中国粗钢产量预估下降，在CAT与IEA的粗钢产量预测情景中，包括未来“碳达峰”“碳中和”等国际环境因素，受气候协议约束，粗钢产量势必受到影响。2021年，中共中央、国务院发布的《关于完整准确全面贯彻新发展理念做好碳达峰碳中和工作的意见》指出，要推动产业结构优化升级，以及坚决遏制高耗能高排放项目盲目发展。此意见对钢铁行业影响较为深远，我国铁矿石品位以及开采成本远不如印度，在国际脱碳这个大背景下，国际钢产量份额可能会承压。二是CAT对于全球其他国家的粗钢产量预估上升，可以看到，CAT预估粗钢产量将从2020年的18亿吨左右，上升至2030年的约21亿吨，而同时期内中国粗钢产量将开始下降，其他国家工业化加速，粗钢产量开始发力。

通过以上分析可以看出，中国未来粗钢产量的比重在世界范围内依然很大，但是受环保条件和自身资源禀赋制约，粗钢产量不会持续保持绝对高位，而且对进口铁矿石高度依赖的态势将不会改变。此外，世界其他新兴经济体由于发展需要，亦会侵占中国粗钢市场份额，伴随而来的是其他新兴经济体铁矿石需求上升。因此，中国的铁矿石需求仍将长期存在，且需求量将趋稳，其他新兴经济体对铁矿石的需求将上升，综合考虑下，世界范围内铁矿石需求将长期处于高位。

二、矿山开发与短流程炼钢工艺将影响铁矿石供需结构

如上文所述，我国铁矿石对外依存度高的局面将长期存在，但铁矿石进口依存度高不仅是数量问题，更是结构问题。我国消费了全球70%的铁矿石，其中的80%要靠进口，2020年进口量已达11.7亿吨，进口来源也高度集中，85%来自四大矿商，其中澳大利亚企业占65%，进口量达7亿吨。而我国钢厂建设达产速度快，一两年建成、当年达产，但是矿山不一样，从建设到建成再到达产需要10年时间，其中的时间差严重威胁铁矿石供给安全，因此我国需要对铁矿石供给安全长期谋划，既抓国内又抓国际，要建立高效、安全、多元、长期稳定的资源供给体系。

同时，铁矿石开发成本主要受铁矿石品位及质量（磷、硫等含量）、开发方式（露天开采和地下开采）、选矿方式、各种税费等因素影响。中国铁矿石资源的自然禀赋特点是贫矿多、富矿少，受环保限制以及品位低导致开采成本增加等因素的影响严重。中国铁矿石资源平均品位为31%，而巴西、澳大利亚铁矿石品位大都在50%以上，有的甚至在60%以上，相比澳大利亚、巴西高品位铁矿石，国内开发成本相对较高。

与供给端的矿山开发相比，炼钢工艺的发展将影响我国铁矿石需求结构。炼钢流程可分为长流程与短流程。长流程炼钢对铁矿石需求极大；短流程炼钢工艺通过废钢重炼技术降低了铁矿石需求，同时降低了炼钢过程中的碳排放量，符合目前的环保趋势。根据商务部相关公开报告，由于废钢价格上升以及长流程炼钢工艺在国内普及率极高（近90%），中国对于铁矿石的高需求将长期存在。但由于环保因素制约，长流程炼钢比重大概率将逐渐减小。根据习近平总书记在第七十五届联合国大会一般性辩论上发表的重要讲话内容，中国将提高国家自主贡献力度，采取更加有力的政策和措施，二氧化碳排放力争于2030年前达到峰值，努力争取2060年前

实现碳中和。为实现这一伟大目标，钢铁产业必须进行转型升级，而电炉炼钢既可以降低铁矿石需求，又可以减少钢铁行业碳排放量，是转型升级的着手点。通过对比不同炼钢方式可以看出，长流程炼钢每吨钢碳排放量可达到全废钢连续加料电弧炉短流程炼钢的 6 倍（姚聪明等，2020）。同时，有学者研究指出，废钢价格居高不下的原因在于中国巨大体量的长流程炼钢消耗了大量废钢。此外，其预估 2030 年中国电炉炼钢（短流程炼钢）占比将达到 25%左右（周天时，2020）。

尽管长流程炼钢在国内占比很高，但由于其高能耗、高排放和对铁矿石高需求的特点，在今后炼钢的工艺流程中占比将逐渐缩小，进而会导致铁矿石需求无法长期维持上升趋势。

三、环保政策会促进中国高品位铁矿石需求增加

相关学者对国内大型钢铁企业空气污染物排放量的调查显示，二氧化硫和二氧化碳的排放问题相当严重，其中二氧化硫排放量占工业总排放量的 4. 8%，工业粉尘排放量占工业总排放量的 7. 2%，烟尘排放量占工业总排放量的 2. 43%（王旭，2019；赵佳伟等，2016）。随着环保政策力度的加强，全国各地区政府出台多份相关文件，防治钢铁行业污染。例如，唐山于 2021 年 2 月印发《关于开展钢铁企业工程减排深度治理工作的通知》，2021 年 3 月印发《关于报送钢铁行业企业限产减排措施的通知》，要求当地钢铁企业提高环保相关技术水平，对技术不达标企业进行限产处罚。临汾、武安、邯郸等地亦出台相关政策，随着钢铁去产能“回头看”检查以及粗钢产量压减工作等政策的出台，中国铁矿石需求总体预期降低。

高品位铁矿石可减少二氧化碳排放。相较于低品位铁矿石，高品位铁矿石每吨产出粗钢更多，从环保角度考虑，高品位铁矿石的杂质更少、更易炼化，矿石中的氧化铝、二氧化硅等杂质在炼铁时需要用焦炭和石灰石去除，杂质含量较低的铁矿石会消耗较少的焦炭和石灰石，因此排放的碳

较少。根据《巴黎协定》，若全球变暖控制在2℃以内，全球钢铁碳排放需下降75%。毫无疑问，要达到这一目标，高品位铁矿石的需求量必须上升。高品位铁矿石供给迎合了中国脱碳的需求，澳大利亚是中国最大铁矿石供应国，且澳大利亚铁矿石品位较高。中国积极寻求更多铁矿石供应来源，有助于多元化铁矿石供给局面的形成。我国国内钢铁企业计划采用更高效、更环保的炼钢炉，而这些低排放炉需要更高质量的铁矿石球团作为其主要的进料，以尽量减少污染并提高产量。相关数据显示，中国对铁矿石球团的需求从2018年的1.4亿吨增长到2023年的约1.9亿吨。

中国环保政策还增加了铁矿石开采成本，铁矿石露天开采方式占比将逐渐下降，铁矿石资源开采逐步从露天转为地下。2000年，中国铁矿石露天开采比例为80%，地下开采比例为20%。到2010年，中国铁矿石露天开采比例为70%，地下开采比例为30%，尽管露天开采占比依旧可观，但露天开采转地下开采趋势无法改变（关晓峰等，2012）。相比露天开采，地下开采人工成本将提高2~3倍，相对成本变得更高。

综合以上情况可以看出，由于环保政策趋紧和我国承诺的“碳达峰”“碳中和”目标，我国对于高品位铁矿石的需求将上升，在这个大背景下，国际铁矿石供给需多元化。但应注意，多元化铁矿石供给格局的实现受中国和其他国家，尤其是高品位铁矿石主要供应国之间的国际关系影响很大。同时，高品位铁矿石的炼钢技术以及短流程炼钢技术的发展也会影响我国钢铁企业对于铁矿石的需求格局。此外，日趋紧张的环保政策提高了铁矿石开采成本，高开采成本将深刻影响铁矿石价格。

四、废钢综合利用会降低中国铁矿石对外依存度

根据国际回收局（BIR）公布的数据，2017年全球通过废钢电弧炉生产路线生产的粗钢产量增长12%，达5.24亿吨，占粗钢总产量的29.4%；2017年全球粗钢产量增长4.5%，达18.08亿吨。而废钢使用量的增加主要由中国带动，2017年使用量增长27%，至1.88亿吨，电弧炉炼钢占中

国粗钢产量的比重从9.3%上升至13%。总体来看，2018年废钢在全国钢铁生产中的使用比例进一步上升，至20.2%。与全球平均水平相比，中国炼钢综合废钢比还处于较低水平，废钢铁产业发展空间巨大。根据中国废钢铁应用协会发布的《废钢铁产业“十四五”发展规划》，2025年全国炼钢综合废钢比须达到30%；废钢铁加工准入企业年加工能力将达到2亿吨；钢铁渣的综合利用率将达到85%，其中高炉渣的综合利用率达到95%，钢渣的综合利用率达到60%。规划还建议将规范企业退税比例由30%提高到70%。另外，《再生钢铁原料》（GB/T 39733—2020）国家标准正式生效，符合该标准的再生钢铁原料不属于固体废物，可自由进口。由此来看，废钢的供给以及利用将不再是问题，中国对于铁矿石的高依存度将会因为废钢更高的利用率、普及率而降低。但也有学者认为，废钢对于进口铁矿石的替代作用有限。中国废钢供给急速膨胀的原因，在于国内在2017年前后取缔地条钢，而废钢的供给在其后几年将归于平稳。此外，废钢主要替代的是低品位铁矿石，长期来看，与核心需求高品位铁矿石关系不大。与此同时，海外铁矿石开采成本低，其价格更加压缩了废钢铁的供给空间（张敬超，2019）。

综合来看，废钢利用率的上升可使得铁矿石对外依存度下降，这主要还是从环境角度考虑。中国未来环境限制是首位，废钢铁代替低品位铁矿石，同时短流程炼钢技术占比增加，都是国内钢铁工业未来转型升级趋势。废钢可以作为与高品位铁矿石并存的钢铁工业关键原材料供给而存在。因此，根据中国废钢铁应用协会发布的《废钢铁产业“十四五”发展规划》，提高废钢利用比例有利于我国钢铁工业化解产能过剩矛盾、节能减排治理和发展绿色钢铁。我国须不断提高废钢铁综合利用水平，努力构建我国废钢铁行业一体化发展的新格局。

五、我国铁矿石定价权仍存在不确定性

国际矿产资源中，往往存在一个现象，即中国需求的矿产只要有大规

模购买，市场价格就会扶摇直上；而中国出口的稀土等优势资源，价格就会下降，这与中国矿产资源在国际交易中定价权的缺失相关（刑世伟，2010）。中国作为铁矿石进口大国，在过去很长时间内是国际铁矿石贸易中的主要买家，但国际铁矿石定价权却不在中国手中，而是掌握在四大矿商手中，即普氏铁矿石价格指数。国内学者对于普氏铁矿石价格的质疑颇多，其定价机制总体而言有利于卖家，而不利于买家。另外，编制价格指数的采样数据不均衡，存在暗箱操作的可能性（赵娴和刘国欣，2019）。

2020 年，澳大利亚铁矿石价格出现了一次涨幅达 60%的增长，此次急速增长可能是受新冠疫情的影响，各类大宗产品供给出现短期震荡，供应链的稳定受到威胁，再加上必和必拓以及其他的铁矿石巨头可能针对价格展开了操纵而出现的短期现象。作为海运铁矿石的主要需求方，中国不仅权益矿在进口量中的占比极低，而且铁矿石采购主体相当分散，在采购谈判中还缺乏抱团意识，这使中国在铁矿石价格博弈中无法获得足够的话语权。当前，我国面对垄断供应商对价格的控制，可进行的博弈手段有限，造成了受制于人的局面。

同时要注意到，我国国际铁矿石的定价权是结构性缺失，因为四大矿商掌握铁矿石生产，其可以完全影响铁矿石供给。一方面，中国铁矿石大环境存在问题。国内钢企虽多，但力量分散，未形成谈价议价合力。熊鹏等学者（2006）的研究显示，中国钢企集中度仅为 44. 48%，美国可达到 54. 5%，日本可达到 74. 29%，欧盟则可达到惊人的 87. 64%。国际市场中，铁矿石资源是卖方市场，供给端议价能力压过需求端议价能力。另一方面，中国受未来环境政策等客观条件限制，对国际高品位铁矿石的需求增加，而国际高品位铁矿石又掌控在四大矿商手中。此时，国内钢企的力量整合形成的议价能力还很有限。

中国未来通过“一带一路”倡议，可扩大海外资源布局，凭借陆地与海上重要交通节点，中国可与中亚、东南亚、南亚、西亚、非洲乃至欧洲部分国家和地区形成新联系、新纽带。中国矿企可获得更多对外合作机会，打破四大矿商单边供给格局，实现铁矿石供给多元化。同时，随环境保护政策要求逐步加强，若中国短流程炼钢技术普及，对于铁矿石的需求将降低。此时，国际铁矿石供需关系得到修正，中国钢企的议价定价能力获得提升。因此，中国未来能否掌握铁矿石定价权，还存在不确定性。

综上所述，中国未来的铁矿石供需态势还是比较严峻的，这与国内未来的产业政策、中国和铁矿石出口国的关系密切相关。主基调是未来铁矿石对于中国而言还是刚需，并在国际上占有相当大的比重，但比重将会逐渐降低。中国国内的产业，将向绿色环保方面转移，这种转移有利于优化产业结构、整合资源，但还需要时间以及财政支持。若绿色炼钢转型成功，将全面提升中国铁矿石国际议价能力，改善中国国内钢铁市场格局，实现中国在国际上关于“碳达峰”“碳中和”的相关承诺。“一带一路”倡议有助于中国实现铁矿石供给多元化，打破四大矿商垄断铁矿石供给格局，正常化铁矿石定价机制。

第四节 本章小结

从国内铁矿石资源来看，铁矿石资源呈总量多、分布广，贫矿多、富矿少，平均品位低的基本态势。此外，由于开采与选矿技术条件限制，以及税费等附加运营成本，我国铁矿石资源开采存在成本高的问题。世界铁矿石资源储量丰富，且分布广泛，但也存在分布不均匀、品位差异较大等问题。从世界范围来看，澳大利亚是全球铁矿石储量、品位最高的国家，其对世界铁矿石的供需格局影响巨大。

我国经济发展迅速，钢产量已连续 25 年稳居世界首位。目前，我国钢产量占世界份额一半以上，使我国铁矿石需求量长期处于高位。而我国铁矿石产量虽近几年有所回升，但仍无法满足国内钢铁行业巨大的铁矿石需求。我国铁矿石进口量持续快速增长，对外依存度已连续 6 年维持在

70%~80%。在新冠疫情期间，澳大利亚加大铁矿石供应，抢占国际铁矿石市场，加强其在铁矿石供给端的话语权。随着世界各国经济复苏，其他主要铁矿石出口国恢复生产和投资，世界铁矿石供给逐渐增多。从需求角度而言，中国作为世界铁矿石进口大国，一直占据主导地位。但由于国内产业政策变化，特别是严格的环保政策，国内铁矿石需求增长放缓，而其他国家铁矿石需求增量对全球铁矿石总体需求上升的拉动作用较小。

由于中国钢铁行业未来发展需求，中国铁矿石需求量绝对占比将继续独大，但相对占比将逐渐减小。根据未来国内生态环境要求，以及“碳达峰”“碳中和”的承诺，中国未来钢铁发展趋势主要是向低排放、高质量发展，这与供给侧结构性改革大方向也是一致的。由此可推断，中国未来长流程炼钢技术将逐渐被短流程炼钢技术所取代，对国际高品位铁矿石需求将上升，废钢利用率也将上升。在“一带一路”倡议引导下，铁矿石的供给将实现多元化，逐渐摆脱四大矿商的铁矿石垄断局面，中国对国际铁矿石定价话语权将逐步提升。但考虑到国内产业政策、环境政策的实施效果，中国与其他国家的关系等因素将影响上述结论的实现。因此，中国未来铁矿石供需态势还是相当严峻的。

第四章

铁矿石价格波动特征和影响因素研究

铁矿石属于大宗原材料商品，是国民经济发展的重要原材料之一，战略地位仅次于石油。中国一直是世界范围内的铁矿石需求大国，但国内铁矿石平均品位较低，开采难度较高，造成自身供给能力不强。同时，国际铁矿石供给高度垄断，2020 年我国从澳大利亚和巴西进口的铁矿石量分别占中国总进口量的 67%和 25%，我国铁矿石供给安全保障困难。近几年，受新冠疫情和各国“碳达峰”“碳中和”共识的影响，铁矿石价格剧烈上涨。2019 年 12 月，铁矿石综合价格在 690 元/吨左右；2021 年 5 月，铁矿石综合价格暴涨至 1633 元/吨，上涨了 1. 37 倍，致使我国铁矿石贸易损失加大，出现“价增量减”现象。

2021 年 10 月 25 日，中共中央、国务院发布《关于完整准确全面贯彻新发展理念做好碳达峰碳中和工作的意见》，提出减碳目标。其中，我国的钢铁生产占中国能源相关二氧化碳排放总量的 14%，是“碳达峰”“碳中和”的重要产业之一。从长远来看，受限于更加严格的环保要求，国内钢铁企业将逐渐进行技术升级，淘汰高耗能设备，逐步引入短流程炼钢技术，减少对铁矿石的依赖。同时，由于能耗以及炼钢效率要求，对高品位铁矿石的需求将增加，也就是说，我国铁矿石需求会发生结构性变化。从总体来看，“双碳”目标对铁矿石价格影响的不确定性偏高，这是由于其中涉及炼钢技术、环保政策等多方面不确定性因素。由此可知，受铁矿石资源的客观条件限制，我国铁矿石对外依存度高将长期存在，铁矿石价格波动充满不确定性。研究铁矿石价格波动影响因素有助于我国制定合适的产业政策，从而提高我国铁矿石供给安全水平，保障我国经济更好地发展，顺利迈向社会主义现代化强国。

本书第三章对全球铁矿石资源现状与铁矿石供需现状进行了详尽分析。由于铁矿石定价机制改变、中美贸易摩擦以及全球贸易格局发生巨大变化等，仅研究供需因素并不能很好地理解铁矿石价格波动成因。特别是铁矿石的金融属性，导致需要把金融因素、投机因素等也纳入铁矿石价格波动的分析框架。本章构建了基于供需因素、成本因素、投机因素和金融因素的铁矿石价格波动的理论分析框架，利用 MSVAR 模型研究了各因素对铁矿石价格波动的影响方向、影响强度和持续时间，并比较了在价格上升、价格下降和价格平稳区制状态下，各因素影响方向、影响强度和持续时间的差异性。

第一节 铁矿石价格波动影响因素的理论分析

第一，铁矿石作为一种被广泛使用的大宗矿产，其主要属性就是商品属性。作为商品，铁矿石的价格波动体现了铁矿石供给和需求的变化。铁矿石的商品属性使其价格波动可被经济学中的供需理论和价格理论所解释。从供需理论出发，价格波动主要受铁矿石供给和需求影响，铁矿石的供给增加会使得铁矿石变成买方市场，从而使价格下降；而铁矿石的需求增加会使铁矿石变成卖方市场，从而使价格上升（Humphreys，2010；Dwyer et al.，2011）。就中国铁矿石价格而言，因为我国铁矿石对外依存度长期处于高位，在供给因素方面，需综合考虑国内供给和国际供给，即国内铁矿石产量和铁矿石进口量。需要注意的是，由于国内供给和国际供给具有不同的特征，我们需要对国内供给和国际供给分别加以分析。这是因为国内铁矿石具有开采成本高和品位低的特点，且一般采用定价跟随策略；而国际铁矿石开采成本低、品位高，但其运输成本高，包含昂贵的海运费。在需求因素方面，因国内铁矿石主要用于炼钢，国内钢铁企业粗钢产量的变化可以有效体现铁矿石需求因素的变化。从价格理论出发，商品的成本也会参与商品价格的形成过程。成本因素中，铁矿石的运输成本最值得关注。石油价格从成本因素方面影响铁矿石价格波动的机制比较复杂。铁矿石的运输成本占了比较大的一部分，无论是国内的运输还是国际的海运运输，石油价格的高低都可以决定交通运输成本的变化。同时，石油价格上升会抬高相关原材料价格，推高全社会经济运行成本，进而使铁矿石生产成本上升（Kakade and Mishra，2021）。

第二，铁矿石还具有明显的金融属性。随着2008年国际铁矿石长协定价机制崩溃，铁矿石定价机制转向指数定价，价格波动频率由年度频率转向日度频率，交易速度大幅提升、交易门槛降低，金融投机更加方便，铁矿石的金融属性也随之不断强化。自铁矿石定价机制转变以来，铁矿石的各种衍生品（期货合约、期权合约和互换合约等）在各大交易所上市，如2011年1月29日，印度推出以矿石指数TSI为结算价格的全球第一个铁矿石期货品种（IOF）；2011年8月，新加坡商品交易所（SMX）推出以现金结算的铁矿石期货合约；我国也于2013年在大连商品交易所推出铁矿石期货合约。这些衍生品的推出使得铁矿石的金融属性进一步加强。同时，随着金融化推进，铁矿石交易主体也不再是简单的实物交易双方或行业参与者，各大金融机构和投机者越来越广泛地参与到铁矿石及其衍生品的交易中，铁矿石价格波动中的投机因素也越来越不可忽略。从铁矿石的另一重金融属性出发，各国会通过调整利率、信贷政策等渠道影响经济，而这些措施同样会影响铁矿石价格（Tang and Xiong，2012）。隔夜拆借利率会短期影响铁矿石价格波动。当隔夜拆借利率下降时，意味着社会流动资金冗余，此时货币政策会趋于收紧，社会投资总量减少，铁矿石价格在短期内上升；当隔夜拆借利率上升时，意味着社会流动资金不足，此时货币政策将趋于宽松，社会投资总量增加，铁矿石价格会在短期内下降。而从长期来看，隔夜拆借利率对铁矿石价格的影响会在波动后趋于平稳状态。此外，投机因素也是一个不可忽视的因素（韩立岩和尹立博，2012），做市商或者交易商往往会通过公布库存数据影响市场预期，最终改变铁矿石价格。

因此，本书构建了基于供需因素、成本因素、投机因素和金融因素的铁矿石价格波动的理论分析框架（见图 4-1）。供需因素和成本因素反映了供给、需求和宏观经济等对铁矿石价格的影响，金融因素和投机因素反映了铁矿石金融化后投资者结构、金融工具和期货市场等对铁矿石价格的影响。

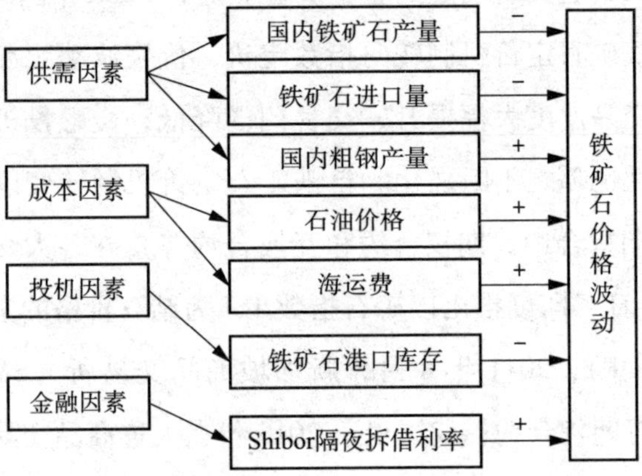

图 4-1　铁矿石价格波动的理论分析框架

根据构建的理论模型，铁矿石资源价格波动的影响因素除一般商品的需求、供给以外，还包括库存、石油价格、利率、海运费。此时，铁矿石市场中需求函数与供给函数分别为

$$Q_i^s=f(p,\ p^R,\ p^E,\ op,\ is,\ si,\ ct) \tag{4-1}$$

其中，p 为自价格；p^R 为相关商品价格；p^E 为预期价格；op 为石油价格；is 为库存；si 为隔夜拆借利率；ct 为海运费。

$$Q_i^d=f(p,\ p^S,\ p^E,\ op,\ is,\ si,\ ct) \tag{4-2}$$

其中，p 为自价格；p^S 为替代品价格；p^E 为预期价格；op 为石油价格；is 为库存；si 为隔夜拆借利率；ct 为海运费。当总供给（原始均衡供给+影响供给）与总需求（原始均衡需求+影响需求）相等时，市场得到均衡价

格，即 $\sum Q_i^d = \sum Q_i^s$，则均衡价格的反函数为

$$\begin{aligned} P &= f^{-1}(\sum Q_i^d,\ p^S,\ p^E,\ op,\ is,\ si,\ ct) \\ &= f^{-1}(\sum Q_i^s,\ p^R,\ p^E,\ op,\ is,\ si,\ ct) \end{aligned} \tag{4-3}$$

此外，本书所构建的模型是动态变化的。其主要原因有二：第一，各类因素在模型中的相对地位可能有所改变；第二，随着经济发展，可能不断有新的因素会给国际铁矿石资源价格带来影响。虽然额外使用库存、石油价格、利率、海运费分析国际铁矿石资源价格波动可能并不全面，但其已经涵盖了多种情形，从而对研究国际铁矿石价格波动具有重要的现实意义和应用价值。

第二节 MSVAR 模型、指标选取及数据来源

一、MSVAR 模型

本章的主要研究内容为铁矿石价格波动的影响因素。铁矿石价格属于典型的时间序列数据，而对于时间序列数据间的互动关系分析主要采用向量自回归（Vector Autoregression，VAR）模型。VAR 模型于 1980 年由 Sims 提出，因其克服了变量内生性、外生性的问题，迅速被大量应用于宏观经济计量研究。VAR 模型数学表达式为

$$y_t = c + \beta_1 y_{t-1} + \beta_2 y_{t-2} + \cdots + \beta_k y_{t-k} + \epsilon_t \tag{4-4}$$

其中，y_t 为 $N\times1$ 阶向量组成的时间序列；c 为 $N\times1$ 阶常数向量组成的截距项；β_1，…，β_k 为 $N\times N$ 阶参数矩阵；ϵ_t 为 $N\times1$ 阶随机扰动向量；k 为最优滞后阶数。有效最优阶数的确定可以克服随机扰动项自相关问题，最优滞后阶数一般通过信息准则确定，常用的信息准则有赤池信息量（Akaike Information Criterion，AIC）和贝叶斯信息量（Bayesian Information Criterion，BIC）。AIC 表达式为

$$\mathrm{AIC}=-2\ln(L)+2k \tag{4-5}$$

BIC 表达式为

$$\mathrm{BIC}=-2\ln(L)+\ln(n)\times k \tag{4-6}$$

其中，L 为对数似然值；n 为数据观测值数；k 为模型参数的个数。确定最优滞后阶数的过程就是确定模型参数个数，以使 AIC 或者 BIC 值达到最小。当 AIC 和 BIC 结果不一致时，一般选取多的最优滞后阶数。

传统 VAR 模型只能捕捉到时间序列中的线性特征，即模型的限制为假设参数在整个时间序列分析期间保持不变，而铁矿石价格波动大、周期短，还经历过定价机制由长协定价机制转向指数定价机制等结构性变化，这表明铁矿石价格波动并不是一个静态过程，其具有非线性、结构异化等特征。为了克服传统 VAR 模型线性假设的问题，国内外学者将非线性方法跟 VAR 模型相结合，创造了许多非线性动态的改进 VAR 模型，例如门限向量自回归（Threshold Vector Auto Regression，TVAR）模型、平滑转换向量自回归（Smooth Transition Vector Auto Regression，STVAR）模型和马尔可夫机制转换向量自回归（Markov Switching Vector Auto Regression，MSVAR）模型。MSVAR 模型于 1990 年由 Hamilton 提出，是传统 VAR 模型和 Goldfeld 的马尔可夫转换回归的结合，其通过引入不可观测的区制变量研究被解释变量和解释变量之间的非线性关系，同时因为不同区制之间状态相关，兼顾了时间序列的连续性和持续性。MSVAR 模型的数学表达式为

$$y_t = v(S_t) + \sum_{j=1}^{k} \beta_j(S_t) y_{t-j} + \epsilon_t(S_t) \tag{4-7}$$

其中，y_t 为时间序列项；ϵ_t 为随机扰动项；$v(S_t)$ 为截距项；$\beta_j(S_t)$ 为参数项；k 为最优滞后阶数。$\epsilon_t(S_t) \sim NID[0, \sum \sigma(S_t)]$。

参数项和随机扰动项均为区制依赖，S_t 为区制变量，一阶马尔可夫过程的条件下 m 阶区制转换概率表达式为

$$p_{ij}=P_r(s_{t+1}=j \mid s_t=i) \tag{4-8}$$

$$\sum p_{ij} = 1 \forall i, j \in \{1, z, \cdots, m\} \tag{4-9}$$

区制转换概率矩阵为

$$p=\begin{bmatrix} p_{11} & p_{12} & \cdots & p_{1m} \\ p_{21} & p_{22} & \cdots & p_{2m} \\ p_{31} & p_{32} & \ddots & p_{3m} \\ p_{41} & p_{42} & \cdots & p_{4m} \end{bmatrix} \tag{4-10}$$

国内学者钟美瑞等（2016）运用 MSVAR 模型研究了石油价格、联邦基金利率、中国铜进口量和铜库存对国际期铜价格波动影响的非线性效应，结果表明 MSVAR 模型将期铜价格分为膨胀期、平稳期和低迷期三个区制是有效的，并基于脉冲响应结果探讨了不同区制下各因素对期铜价格的不同影响效果。邵留国等（2018）运用 MSVAR 模型研究了进口铁矿石价格的影响因素，辅以 VAR 模型定价机制对进口铁矿石价格的影响进行了探讨。王德运等（2021）运用 MSVAR 模型从非线性角度分析了在经济发展不同阶段中有色金属价格波动与中国工业经济之间的非线性溢出效应。Reboredo 和 Ugolini（2020）运用 MSVAR 模型研究了 MVREMX（稀土企业股票）指数、BMI（基础金属）指数、GOLD（金）指数、CEI（清洁能源）指数、MSCI 指数和 OIL（石油）指数之间的非线性关系，结果表明在低波动率区制下 MVREMX 指数和 BMI 指数互动关系最强，而相较于低波动率区制，在高波动率区制下 MVREMX 指数和 CEI 指数、OIL 指数、MSCI 指数互动关系更强。综上所述，本书选取 MSVAR 模型对中国铁矿石价格波动影响因素及其非线性效应进行研究。

二、指标选取

根据上文所述，本研究中的被解释变量为中国铁矿石价格，记为 *CIP*。供需因素方面选取的指标有：国内铁矿石产量、铁矿石进口量、国内粗钢产量，分别记为 *CIS*、*IIS*、*CSP*。金融因素方面选取的指标有：Shibor 隔夜拆借利率，记为 *SI*。投机因素方面选取的指标有：铁矿石港口库存，记为

IS。成本因素方面选取的指标有：石油价格和海运费，分别记为 *OP* 和 *CT*（见表 4-1）。

表 4-1　变量选取说明

<table>
<tr><th>变量名称</th><th>归类</th><th>符号</th><th>变量说明</th><th>数据来源</th></tr>
<tr><td>中国铁矿石价格</td><td>被解释变量</td><td>CIP</td><td>中国铁矿石月度平均价格</td><td>WIND 行业数据库</td></tr>
<tr><td>国内铁矿石产量</td><td rowspan="3">供需因素</td><td>CIS</td><td>反映铁矿石国内供给</td><td>国家统计局</td></tr>
<tr><td>铁矿石进口量</td><td>IIS</td><td>反映铁矿石国际供给</td><td>海关总署</td></tr>
<tr><td>国内粗钢产量</td><td>CSP</td><td>反映铁矿石需求</td><td>国家统计局</td></tr>
<tr><td>铁矿石港口库存</td><td>投机因素</td><td>IS</td><td>反映投机因素</td><td>中国钢铁行业协会</td></tr>
<tr><td>石油价格</td><td rowspan="2">成本因素</td><td>OP</td><td>布伦特 DTD，月度平均</td><td rowspan="2">WIND 行业数据库</td></tr>
<tr><td>海运费</td><td>CT</td><td>波罗的海干散货指数（BDI），月度平均</td></tr>
<tr><td>Shibor 隔夜拆借利率</td><td>金融因素</td><td>SI</td><td>反映货币政策松紧程度</td><td>全国银行间同业拆借中心</td></tr>
</table>

三、数据来源与处理

中国铁矿石价格数据来源于 WIND 行业数据库。中国铁矿石价格指数根据国产铁矿石价格和进口铁矿石价格加权计算而来。国产铁矿石价格取 63.5%为基准品位，以河北唐山、辽宁北票、山东淄博、山西代县以及安徽繁昌 5 个地区的价格加权平均计算而来。进口铁矿石价格以中钢协会员单位报送的干基粉矿到岸价格和国内港口进口铁矿石市场成交价格，采用加权方式计算而得。国产铁矿石产量数据来源于国家统计局，统计口径为主营业务收入为 2000 万元及以上的工业企业。铁矿石进口量数据来源于海关总署，统计口径为铁矿石砂及其精矿。国内粗钢产量数据来源于国家统计局，统计口径为主营业务收入为 2000 万元及以上的工业企业。铁矿石港口库存数据来源于中国钢铁行业协会，统计口径原范围为大连、天津等 30 个港口，2013 年 9 月增至 41 个港口，2015 年 12 月增至 45 个港口，为兼顾数据的可获得性和一致性，选取原统计口径范围。石油价格数据来源于 WIND 行业数据库，选取的是布伦特原油。一般认为相较于 WTI 原油，布伦特原油受当地影响更小，更能代表国际油价走势。海运费数据来源于WIND行业数据库，选取的是波罗的海干散货指数。波罗的海干散货指数由若干条主要航线的运价加权计算而来，可以有效实时体现铁矿石海运成本。Shibor隔夜拆借利率数据来源于全国银行间同业拆借中心，一般认为其可以有效反映货币政策松紧程度。

本书采用月度数据，鉴于数据的可获得性，此次选取了168个月的月度数据，时间区间为2007年1月至2020年12月。需要注意的是，国内铁矿石产量和国内粗钢产量具有明显的季节效应（见图4-2），故采用CensusX13法对这两个变量进行季节调整处理以剔除季节影响，同时为消除异方差影响，对中国铁矿石价格、国内铁矿石产量、铁矿石进口量、国内粗钢产量、铁矿石港口库存、石油价格和海运费进行取对数处理，分别记为ln*CIP*、ln*CIS*、ln*IIS*、ln*CSP*、ln*IS*、ln*OP*和ln*CT*。

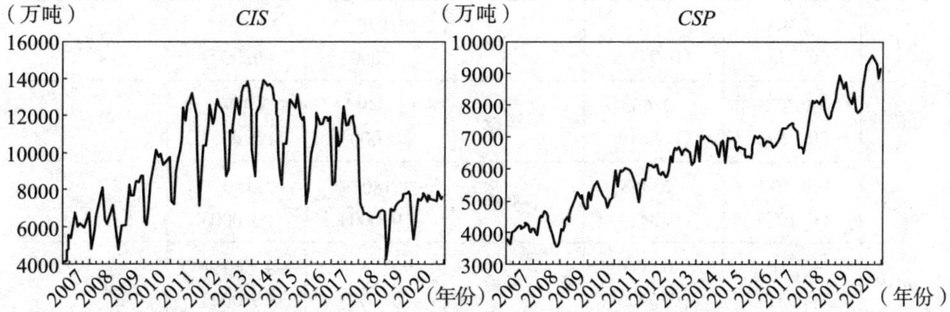

图4-2　2007—2020年国内铁矿石产量和国内粗钢产量月度走势

第三节　铁矿石价格波动影响因素实证分析

一、铁矿石价格波动特征和MSVAR模型构建

1. 平稳性检验

一般而言，为保证VAR模型的稳定和拒绝伪回归现象，VAR模型中

的变量须为平稳序列。本书采用 Augmented Dickey-Fuller（ADF）检验和 Phillips-Perron（PP）检验对变量序列进行单位根检验，是否包含常数项和趋势项根据观察变量序列图得到。ADF 检验中的最优滞后阶数综合考虑 SIC 准则和 AIC 准则选取。由单位根检验结果可知（见表 4-2），所有原序列都无法在 10%的显著性水平上通过平稳性检验，为非平稳序列，经一阶差分后，所有序列都可以在 1%的显著性水平上拒绝存在单位根的原假设，为平稳序列。因此，原序列为一阶单整。

表 4-2　平稳性检验

变量	原始序列单位根检验			一阶差分序列单位根检验		
	ADF 检验	PP 检验	结论	ADF 检验	PP 检验	结论
ln*CIP*	0.253 (0.758)	0.306 (0.773)	不平稳	-8.575*** (0.000)	-8.492*** (0.000)	平稳
ln*CIS*	0.282 (0.767)	0.328 (0.779)	不平稳	-15.293*** (0.000)	-15.206*** (0.000)	平稳
ln*IIS*	-2.406 (0.375)	1.703 (0.979)	不平稳	-14.826*** (0.000)	-24.828*** (0.000)	平稳
ln*CSP*	-0.890 (0.789)	-0.665 (0.851)	不平稳	-13.349*** (0.000)	-13.366*** (0.000)	平稳
ln*IS*	-2.807 (0.197)	-2.468 (0.343)	不平稳	-7.180*** (0.000)	-7.180*** (0.000)	平稳
ln*OP*	-0.418 (0.531)	-0.397 (0.540)	不平稳	-9.257*** (0.000)	-9.680*** (0.000)	平稳
ln*CT*	-0.919 (0.317)	-0.971 (0.295)	不平稳	-11.763*** (0.000)	-11.767*** (0.000)	平稳
SI	-0.999 (0.284)	-1.087 (0.250)	不平稳	-12.105*** (0.000)	-23.466*** (0.000)	平稳

注：括号内数值为统计量的 P 值，***表示在 1%的显著性水平上通过检验。

2. 最优滞后阶数确定

VAR 模型中，如果选取较大的滞后阶数可以准确体现模型动态特征，但较大的滞后阶数也会导致待估参数增多，降低模型的有效性和自由度。本书采用 LR、FPE、AIC、SC 和 HQ 值综合判断最优滞后阶数，根据结果可得最优滞后阶数为 2（见表 4-3），同时可以注意到，在此最优滞后阶数下所有单位根模的倒数都小于 1，落在单位圆内（见图 4-3）。综上，以原序列最优阶数为 2 构建的 VAR 模型是稳定的。本书并不采用 VAR 模型，但 MSVAR 模型同样需要确定最优滞后阶数，而先确定 VAR 模型的最优滞后阶数可以帮助确定 MSVAR 模型的最优滞后阶数。

表 4-3 最优滞后阶数判断结果

Lag	LogL	LR	FPE	AIC	SC	HQ
0	64.057	NA	6.85e-11	-0.701	-0.547	-0.638
1	1426.869	2572.306	6.10e-18	-16.936	-15.552*	-16.374*
2	1518.083	163.046	4.37e-18*	-17.276*	-14.662	-16.215
3	1569.670	87.053	5.17e-18	-17.121	-13.277	-15.560
4	1609.839	63.767	7.16e-18	-16.823	-11.749	-14.763
5	1676.451	99.085*	7.25e-18	-16.856	-10.552	-14.296
6	1718.889	58.883	1.02e-17	-16.586	-9.052	-13.527
7	1772.794	69.402	1.27e-17	-16.460	-7.696	-12.901
8	1822.298	58.786	1.75e-17	-16.279	-6.284	-12.220

注：*表示在 10%的显著性水平上通过检验。

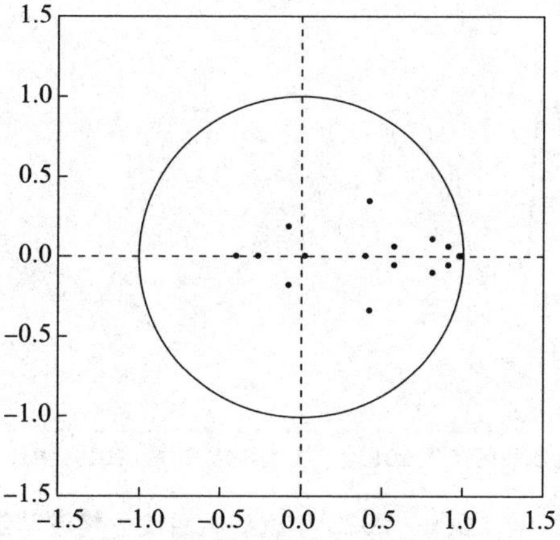

图 4-3 单位根模倒数的分布

3. 铁矿石价格波动特征和 MSVAR 模型设定

图 4-4 描述了 2006 年至 2020 年铁矿石月度价格波动走势。在此期间，铁矿石月度价格最低至 402 元/吨，最高达 1499 元/吨。可以看出，铁矿石价格经常剧烈波动。2006 年至 2009 年，铁矿石价格连续剧烈上涨之后又连续剧烈下降，而 2015 年至 2017 年，铁矿石价格又呈现出平稳波动的特征，展现出一定的波动聚集性。本书采用 MSVAR 模型研究铁矿石价格波动影响因素及其非线性效应。MSVAR 模型能够自动将时间序列划分为不同区制，从而可以分析各因素在不同区制下对铁矿石价格波动影响的特征和规律。首先要确定的是 MSVAR 模型的区制数，根据前人的研究，况秋华等（2021）运用 MSVAR 模型研究了铜、锡矿产品国际价格波动的影响因素，将矿产品价格波动状态划分为三区制，分别对应上升、下降和平稳状态。李智等（2014）构建了原油期货价格、交易量和持仓量的三变量 MSVAR 模型，其中同样引入了三区制状态进行模型估算和分析。综上，本书结合铁矿石价格波动的实际特征和文献调研，选取三区制构建 MSVAR 模型，分别对应铁矿石价格波动的上升、下降和平稳状态。

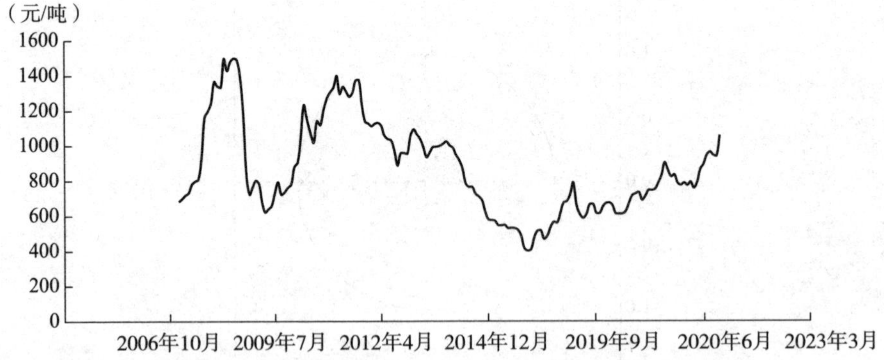

图 4-4　2006—2023 年铁矿石月度价格波动走势

MSVAR 模型根据截距项（I）、参数项（A）和方差项（H）是否为区制依赖，可划分成 MSI-VAR、MSA-VAR、MSH-VAR、MSIA-VAR 等形式，而滞后阶数根据之前 VAR 模型确定的最优滞后阶数可确定为 1 或 2，之后通过 AIC、BIC 和 HQ 等信息准则判断，最后确定模型为 MSIA（3）-VAR（2），即区制状态数量为 3，且截距和变量参数随着区制状态变化而改变，同时各变量最优滞后阶数为 2 的 MSVAR 模型。

二、区制状态分析

本书通过基于 GiveWin2 软件的 OX 模块，利用 EM 算法进行 MSVAR 模型估计和参数计算。图 4-5 为运算得出的区制转移概率图。根据参数计算结果，即在区制一状态下，常数项最小，区制二次之，区制三最大。同时结合区制转移概率图，当样本处于区制一时，DLN*CIP* 值小于 0；当样本处于区制二时，DLN*CIP* 值处于 0 附近；当样本处于区制三时，DLN*CIP* 大于 0。由此可得，区制一代表铁矿石价格处于下降区间，区制二代表铁矿石价格处于平稳区间，区制三代表铁矿石价格处于上升区间。2007 年，我国经济发展态势向好，对铁矿石需求持续扩张，铁矿石价格不断上涨，此时较多样本处于区制三的上升状态。2008 年，全球遭遇金融危机，经济停滞，对我国也产生了冲击，铁矿石价格在高位震荡后迅速下降，之后在低位持续震荡，此时较多样本处于区制一的下降状态和区制二的平稳状态，其中 2008 年下半年样本持续处于区制一的下降状态，反映了金融危机导致的铁矿石价格暴跌。2009 年至 2010 年，铁矿石价格谈判破裂，铁矿石定价机制由长协定价机制转为指数定价机制，铁矿石价格进入上升通道，此时样本基本处于区制三的上升状态。2011 年后，铁矿石价格稳定波动了一段时间，此时样本主要处于区制二的平稳状态。2015 年，中国经济进入新常态，作为全球铁矿石最大进口国，我国铁矿石需求持续萎缩，铁矿石进入下降通道，此时较多样本处于区制一的下降状态。2018 年，世界形势的不确定性急剧增加，在此之后，样本在区制一的下降状态、区制二的平稳状态和区制三的上升状态之间不断转换，说明此期间铁矿石价格波动加剧。2019 年上旬，铁矿石巨头之一的淡水河谷发生溃坝事件，铁矿石供给受到影响，价格开始上涨，此时样本处于区制三的上升状态。2020 年下半年，新冠疫情在世界范围内大流行，全世界供应链陷入混乱，各国为刺激经济均采取了积极的财政政策，货币供应量持续增加，后期叠加全球经济好转的利好消息，铁矿石在此期间价格连续上涨，此时样本主要处于区制三的上升状态。总体而言，本书采用的 MSIA（3）-VAR（2）模型较好地刻画了铁矿石价格波动的实际情况

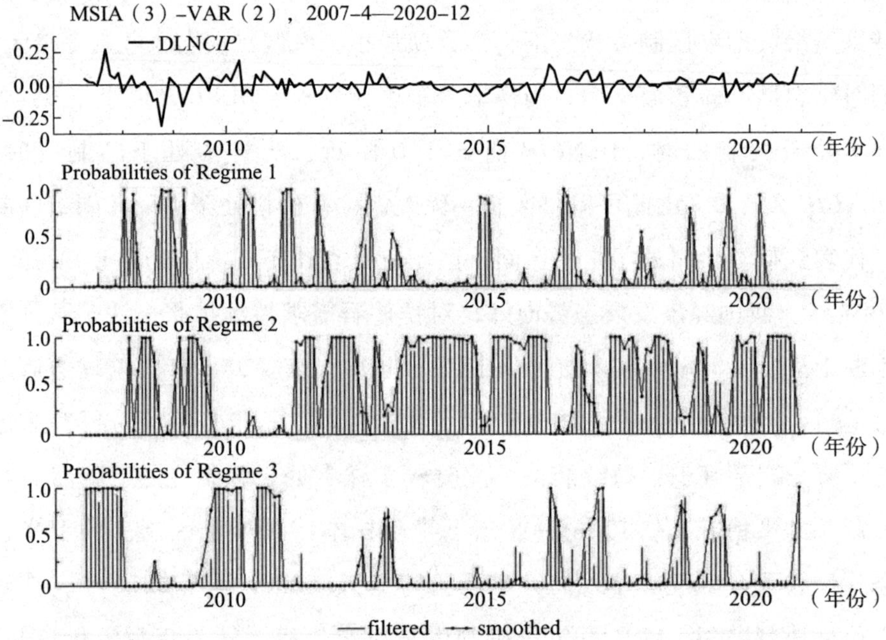

图 4-5　区制转移概率图

表 4-4 为区制转移概率表。当样本处于区制一时，继续维持在区制一的概率为 0.4644，由区制一转移到区制二的概率为 0.0931，由区制一转移到区制三的概率为 0.2183；当样本处于区制二时，继续维持在区制二的概率为 0.8235，由区制二转移到区制一的概率为 0.4980，由区制二转移到区制三的概率为 0.0000；当样本处于区制三时，继续维持在区制三的概率为 0.7816，由区制三转移到区制一的概率为 0.0376，由区制三转移到区制二

的概率为0.0835。根据以上区制间转移、维持概率值可得，区制二和区制三的状态更稳定，这代表着铁矿石价格在平稳状态和上升状态更稳定，符合铁矿石价格波动的实际情况。

表4-4　区制转移概率表

区制	区制一	区制二	区制三
区制一	0.4644	0.4980	0.0376
区制二	0.0931	0.8235	0.0835
区制三	0.2183	0.0000	0.7816

通过区制转移性质表（见表4-5）可得，处于区制一的样本数为32.5，占总样本数的19.72%，区制一的平均持续时间为1.87个月；处于区制二的样本数为92.1，占总样本数的55.64%，区制二的平均持续时间为5.67个月；处于区制三的样本数为40.5，占总样本数的24.75%，区制三的平均持续时间为4.58个月。根据以上情况可知，较多样本数处于区制二和区制三，且区制二和区制三的平均持续时间也更长，说明铁矿石价格大部分时间处于平稳状态和上升状态，这与铁矿石价格样本期内总体呈稳步上涨的趋势相符合。

表4-5　区制转移性质表

区制	样本数	频率	平均持续时间/月
区制一	32.5	0.1972	1.87
区制二	92.1	0.5564	5.67
区制三	40.5	0.2475	4.58

三、MSVAR模型参数分析

由表4-6可知，本书构建的MSIA（3）-VAR（2）模型的LR线性检验值为107.0783，并且卡方统计量的P值在1%的显著性水平下拒绝了线性模型的原假设，进一步验证了本书构建的MSVAR模型的有效性。

表 4-6　各区制状态下 MSVAR 模型参数估计结果

变量	区制一（下降）	区制二（平稳）	区制三（上升）
CONST	−0.0155* (−1.7411)	−0.0071 (−1.3399)	0.0599*** (4.6344)
DLN*CIP*_1	0.1275 (1.4444)	0.3685*** (3.8866)	0.6745*** (3.0384)
DLN*CIP*_2	−0.2926** (−2.5799)	−0.1737** (−2.0298)	−0.2557 (−1.4502)
DLN*CIS*_1	−1.2560*** (−8.1829)	0.1051* (1.7290)	0.1597*** (2.7761)
DLN*CIS*_2	0.4861*** (2.9129)	−0.0160 (−0.2648)	−0.0518 (0.3159)
DLN*CT*_1	0.0998*** (2.5960)	0.0512** (2.4864)	−0.0128 (−0.3753)
DLN*CT*_2	−0.1684*** (−5.2069)	0.0678*** (3.0809)	0.0434 (1.2358)
DLN*CSP*_1	0.6651*** (2.6253)	0.0230 (0.1787)	0.8392*** (−2.7279)
DLN*CSP*_2	−1.3777*** (−4.5384)	0.1816** (2.3593)	−0.2089 (−0.7134)
DLN*IIS*_1	−0.1078*** (3.3510)	0.0727 (1.4444)	−0.4705*** (5.4185)
DLN*IIS*_2	0.0700 (0.6688)	−0.0175 (0.3759)	0.2486*** (3.4422)
DLN*IS*_1	−0.7694*** (−3.4215)	−0.2767 (−1.4152)	0.7888*** (−3.2274)
DLN*IS*_2	−0.3409 (−1.6258)	0.3394** (2.4298)	1.1119*** (2.6411)
DLN*OP*_1	0.0529 (0.6215)	0.0348 (1.2025)	0.2292** (−2.1898)
DLN*OP*_2	0.9853*** (7.7647)	−0.1049*** (−3.6812)	−0.1000 (−0.8670)
DLN*SI*_1	−0.0196 (1.3880)	−0.0072 (1.1664)	−0.0423*** (−3.5273)

续表

变量	区制一（下降）	区制二（平稳）	区制三（上升）
DLN*SI*_2	0.0063 （0.4472）	0.0055 （0.8898）	0.0154*** （4.6427）
LR linearity test：107.0783 Chi（34）=［0.0000］**　Chi（40）=［0.0000］**　DAVIES=［0.0000］**			

注：***、**、*分别表示在1%、5%、10%的显著性水平上通过检验；括号内数值为t统计量。

在国内铁矿石产量对铁矿石价格影响方面，滞后一期的国内铁矿石产量在区制一下对铁矿石价格影响为负，在区制二和区制三下影响为正。在海运费对铁矿石价格影响方面，滞后一期的海运费在区制一和区制二下影响为正，在区制三下影响为负且不显著。在铁矿石进口量对铁矿石价格影响方面，在区制状态一和区制状态三下，滞后一期均表现出显著负向影响。在铁矿石港口库存对铁矿石价格影响方面，在不同区制状态下，影响方向表现出差异性。在石油价格和国内粗钢产量对铁矿石价格影响方面，滞后一期影响全部为正。在 Shibor 隔夜拆借利率对铁矿石价格影响方面，仅在区制三时滞后一期和滞后二期显著，且滞后一期为负，滞后二期为正。VAR 族模型的参数往往意义有限，需要进一步利用脉冲响应函数来分析各变量对铁矿石价格的动态影响。

四、MSVAR 模型的有效性

图 4-6 描述了 DLN*CIP* 变量的实际观测值和 1 步预测值、平滑值的拟合关系。总体来看，本书构建的 MSIA（3）-VAR（2）模型比较好地拟合了 DLN*CIP* 变量的波动情况。图 4-7 为 MSVAR 模型的实际残差正态分布拟合结果。综合变量拟合结果和残差分布来看，本书针对铁矿石价格波动构建的 MSVAR 模型的有效性得到了验证。

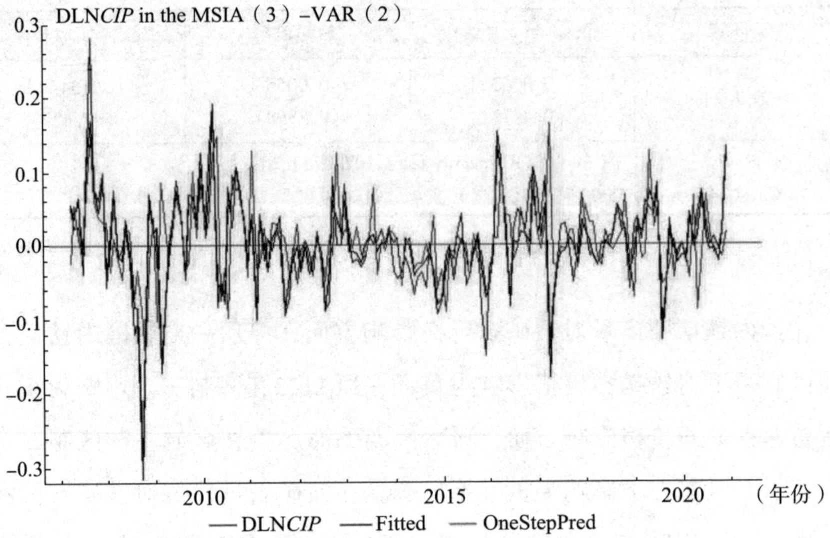

图 4-6　MSVAR 模型对 DLNCIP 变量的拟合

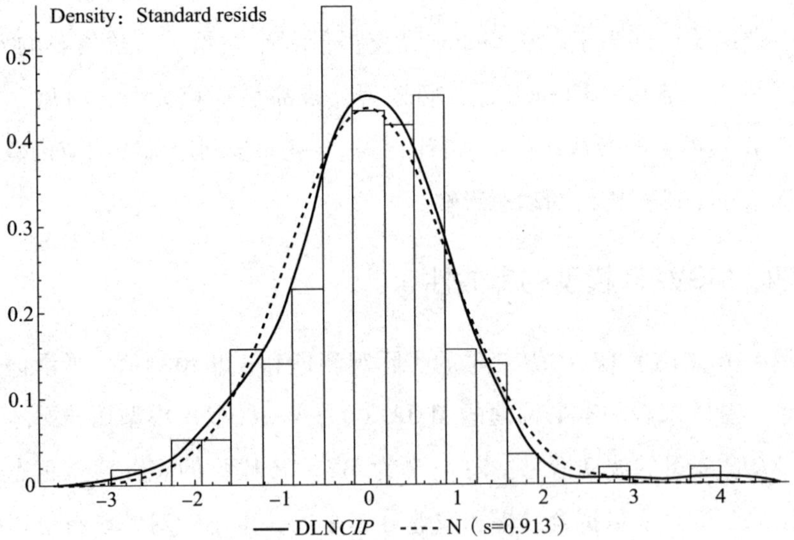

图 4-7　MSVAR 模型的残差分布

五、不同区制下脉冲响应函数分析

本书在已构建的 MSVAR 模型基础上，运用脉冲响应函数，分别给供需因素中的国内铁矿石产量、铁矿石进口量和国内粗钢产量，投机因素中的铁矿石港口库存，金融因素中的 Shibor 隔夜拆借利率，成本因素中的石油价格和海运费一个正向标准差冲击，观察铁矿石价格在不同区制状态下对不同冲击的响应情况，研究各因素对铁矿石价格波动的影响方向、影响强度和持续时间，并比较在铁矿石价格下降、价格平稳和价格上升三个区制状态下，各因素影响方向、影响强度和持续时间的差异性。

在供需因素方面，图 4-8 描述了国内铁矿石产量（DLN*CIS*）对铁矿石价格的动态影响。在区制一（铁矿石价格下降）中，在给国内铁矿石产量一个正标准差冲击下，铁矿石价格在当期表现出负向响应，之后迅速减小，在第 1 期达到正向响应的最大值，之后不断减小，最后在第 7 期后响应值收敛为 0。在区制二（铁矿石价格平稳）中，铁矿石价格在当期表现出正向响应，之后不断减小，在第 2 期后开始在 0 附近震荡，最后在第 7 期后响应值收敛为 0。在区制三（铁矿石价格上升）中，铁矿石价格在当期表现出负向响应，在第 1 期达到正向响应最大值，在第 2 期转为负向响应，在第 3 期转为正向响应，在第 4 期又转为负向响应，最后在第 8 期后响应值收敛为 0。

由上述脉冲响应结果可知，国内铁矿石产量对铁矿石价格具有显著影响。具体而言，当铁矿石价格处于下降状态（区制一）时，国内铁矿石产量上升会导致铁矿石价格下降。当铁矿石价格处于平稳状态（区制二）时，国内铁矿石产量上升反而会导致铁矿石价格上升。当铁矿石价格处于上升状态（区制三）时，国内铁矿石产量对铁矿石价格影响围绕零点上下波动。这说明在国内铁矿石市场中，只有当国内铁矿石价格处于下降状态（区制一）时，国内铁矿石供给与需求符合传统的供给需求理论，即当一种商品的供应增加时，该商品的价格趋于下降。而当国内铁矿石价格处于平稳状态（区制二）和上升状态（区制三）时，其供需关系不符合传统的供给需求理论模型。这可能是因为我国铁矿石对外依存度高达 80% 以上，国内铁矿石供给仅仅作为满足铁矿石需求的一种补充手段。当铁矿石价格处于平稳或上升状态时，意味着国际铁矿石供需已经达到平衡或者因突发事件等导致供给不能满足需求。此时，国内铁矿石作为一种补充供给手段，其产量增加对铁矿石价格的冲击不再遵循传统的供给需求理论，而是在特定形式下完成交易，铁矿石价格会随国内铁矿石供给量增加而出现上涨或上下波动等情况。

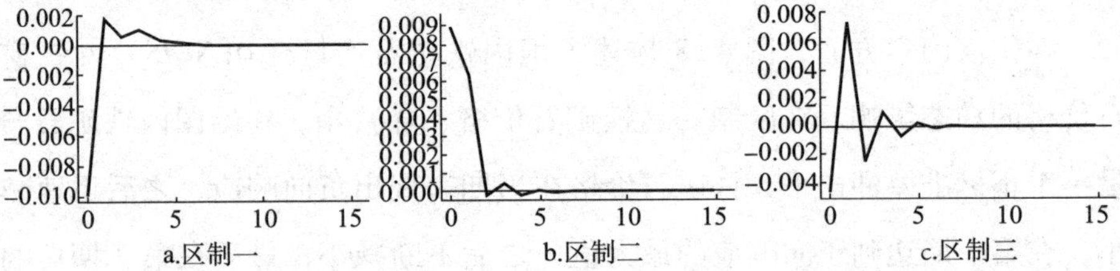

图 4-8　各区制下铁矿石价格对国内铁矿石产量冲击的响应情况

图 4-9 描述了铁矿石进口量对铁矿石价格的动态影响。在给铁矿石进口量一个正标准差的冲击下，区制一（铁矿石价格下降）中的铁矿石价格在当期就表现出负向响应，随后响应值不断减小，最后在第 6 期后响应值收敛为 0；区制二（铁矿石价格平稳）中的铁矿石价格在当期表现出正向响应，随后不断减小，在第 1 期达到负向响应的最大值，之后不断减小，最后在第 7 期后响应值收敛为 0；区制三（铁矿石价格上升）中的铁矿石价格在当期表现出负向响应，之后不断减小，在第 1 期响应由负转正，且达到最大值，之后在 0 附近震荡，最后在第 7 期后响应值收敛为 0。总体来看，无论是铁矿石价格处于下降、平稳还是上升状态时，铁矿石进口量都对铁矿石价格具有负向影响，符合传统的供给需求理论。这表明铁矿石市场中考虑国际铁矿石供给则存在较为稳定的供求关系，进一步印证了进口铁矿石是我国铁矿石的主要来源，对我国铁矿石供求关系具有重要影

响。此外，在铁矿石价格处于下降状态和上升状态（区制一和区制三）时，铁矿石进口量对铁矿石价格的影响最明显，铁矿石价格弹性较大。这是因为当铁矿石价格处于下降状态和上升状态时，表明国际铁矿石供给过剩和供给不足，此时铁矿石进口量的变化会导致铁矿石价格迅速变化。

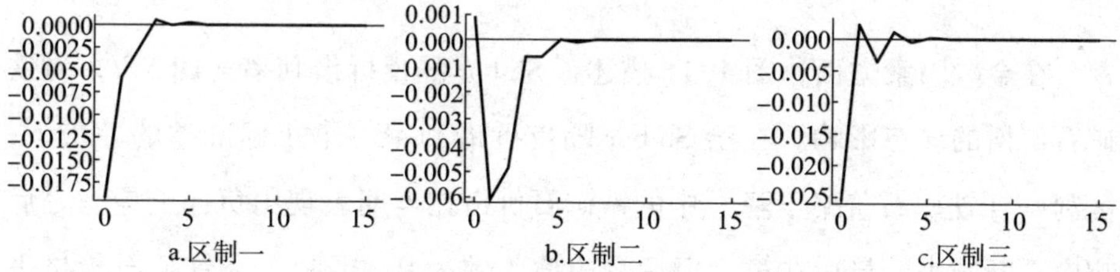

图 4-9　各区制下铁矿石价格对铁矿石进口量冲击的响应情况

图 4-10 描述了国内粗钢产量（DLN*CSP*）对铁矿石价格的动态影响。在给国内粗钢产量一个正标准差的冲击下，区制一（铁矿石价格下降）中的铁矿石价格在当期就表现出正向响应，随后响应不断减小，最后在第 5 期后响应值收敛为 0；区制二（铁矿石价格平稳）中的铁矿石价格同样在当期就表现出正向响应，之后不断减小，最后在第 4 期后响应值收敛为 0；区制三（铁矿石价格上升）中的铁矿石价格在当期表现出正向响应，在第 1 期表现出正向响应最大值，之后不断减小，最后在第 6 期后响应值收敛为 0。由脉冲响应函数可知，无论是铁矿石价格处于下降、平稳还是上升状态时，国内粗钢产量都对铁矿石价格具有正向影响，即国内粗钢产量上升会导致铁矿石价格上涨。这是因为铁矿石 98%用来炼钢，粗钢产量可以有效表征铁矿石需求，国内粗钢产量增加意味着铁矿石需求量增加，此时铁矿石价格会相应上涨，符合传统的供给需求理论预期。此外，就影响程度而言，当铁矿石价格下降（区制一）时，国内粗钢产量对铁矿石的价格影响程度最大，表明我国铁矿石需求对全球铁矿石贸易具有重要影响。

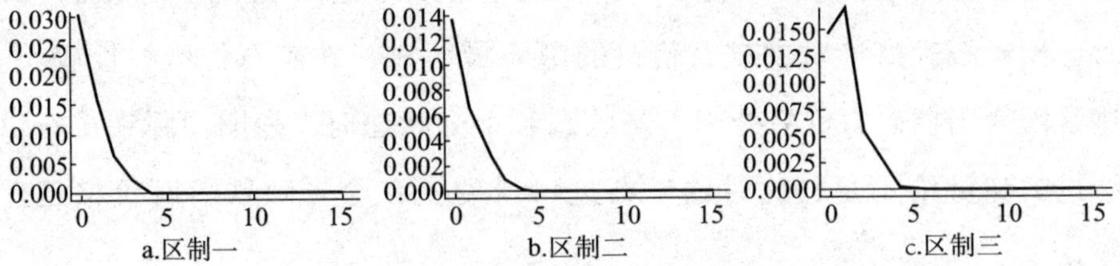

图 4-10　各区制下铁矿石价格对国内粗钢产量冲击的响应情况

在金融因素方面，图 4-11 描述了 Shibor 隔夜拆借利率（DLN*SI*）对铁矿石价格的动态影响。在给 Shibor 隔夜拆借利率一个正标准差的冲击下，区制一（铁矿石价格下降）中的铁矿石价格在当期表现出负向响应，之后响应不断减小，最后在第 5 期后响应值收敛为 0；区制二（铁矿石价格平稳）中的铁矿石价格同样在当期就表现出负向响应，之后响应不断减小，最后在第 5 期后响应值收敛为 0；区制三（铁矿石价格上升）中的铁矿石价格在当期表现出负向响应，在第 1 期负向响应达到最大值，之后不断减小，最后在第 6 期后响应值收敛为 0。总体而言，无论是铁矿石价格处于下降、平稳还是上升状态时，Shibor 隔夜拆借利率对铁矿石价格都有负向影响。这是因为 Shibor 隔夜拆借利率反映了银行间资本流通的杠杆程度，Shibor 隔夜拆借利率越高，表明社会流动性资本越不足，社会投资会随之减少。铁矿石作为最广泛使用的大宗金属矿产资源，其行业下游需要大量资本性投入，会因社会流动资本不足而出现需求萎缩，进而导致铁矿石价格下降。

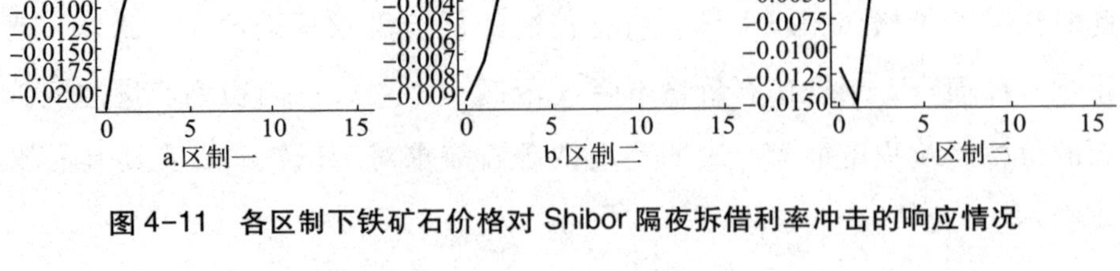

图 4-11　各区制下铁矿石价格对 Shibor 隔夜拆借利率冲击的响应情况

在投机因素方面，图 4-12 描述了铁矿石港口库存（DLN*IS*）对铁矿石价格的动态影响。在给港口库存一个正标准差的冲击下，区制一（铁矿石价格下降）中的铁矿石价格在当期就表现出负向响应，在第 1 期负向响应达到最大值，之后不断减小，在第 7 期后响应值收敛为 0；区制二（铁矿石价格平稳）中的铁矿石价格同样在当期就表现出负向响应，之后迅速减小，在第 1 期达到正向响应的最大值，之后不断减小，最后于第 5 期后响应值收敛为 0；区制三（铁矿石价格上升）中的铁矿石价格在当期就表现出正向响应，在第 1 期后表现出正向响应的最大值，之后不断减小，在第 5 期表现出负向响应的最大值，最后于第 8 期后响应值收敛为 0。铁矿石价格处于不同区制状态下，投机因素对铁矿石价格的影响完全不同。具体而言，当铁矿石价格处于下降状态和平稳状态时，铁矿石供给处于过剩或饱和状态，铁矿石需求不足。此时，铁矿石市场呈消极状态，铁矿石供应商为降低亏损风险将市场上未消化的铁矿石进行库存，铁矿石港口库存增加会进一步降低投资者投资预期，导致铁矿石价格下降。而当铁矿石价格上涨时，铁矿石市场需求旺盛、供给不足。此时铁矿石市场行情良好，投资者对铁矿石价格持乐观态度。而铁矿石港口库存会减少有效供给，增加铁矿石港口库存成为投机手段，铁矿石港口库存增加会导致铁矿石价格上涨。

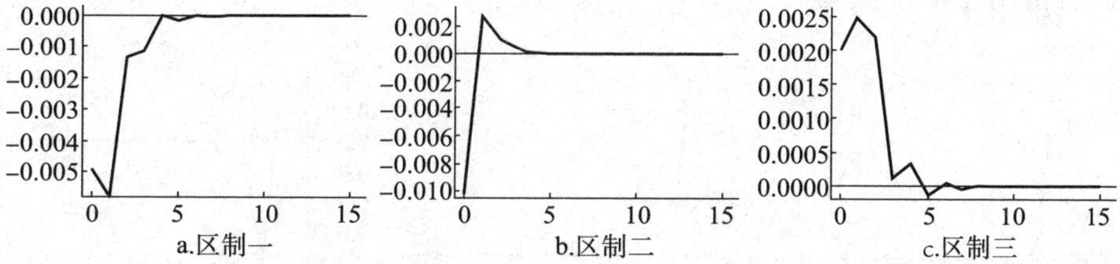

图 4-12 各区制下铁矿石价格对港口库存冲击的响应情况

在成本因素方面，图 4-13 描述了海运费（DLN*CT*）冲击对铁矿石价格的动态影响。在给海运费一个正标准差的冲击下，区制一（铁矿石价格下降）中的铁矿石价格在当期就表现出正向响应，之后逐渐下降，在第 2

期附近响应由正转负，在第 3 期负向响应达到最大值，最后于第 5 期后响应值收敛为 0；区制二（铁矿石价格平稳）中的铁矿石价格在当期表现出正向响应，之后迅速下降，在第 2 期负向响应达到最大值，最后于第 5 期后响应值收敛为 0；区制三（铁矿石价格上升）中的铁矿石价格在当期也表现出正向响应，在第 1 期达到正向响应的最大值，之后迅速下降，在第 2 期达到负向响应的最大值，之后负向响应不断减小，最后于第 7 期后响应值收敛为 0。由此可见，无论是铁矿石价格处于下降、平稳还是上升状态时，海运费都对铁矿石价格有正向影响。这是因为目前国际铁矿石贸易主要依赖海上运输，海运费上涨会引起铁矿石贸易的成本上涨，从而导致铁矿石价格的上涨，这与理论预期较为符合。此外，在不同区制下海运费对铁矿石价格的影响程度有所不同。当铁矿石价格处于下降状态时，海运费对铁矿石价格的影响最大；处于价格稳定状态时，海运费对铁矿石价格的影响次之；处于价格上升状态时，影响最小。从供给需求理论来看，当铁矿石价格下降时，铁矿石供给过剩而需求不足，此时海运费上涨信息会全部传导给铁矿石价格，铁矿石价格会随之上涨；当铁矿石价格处于平稳状态时，铁矿石供给稳定，此时海运费上涨信息会部分传导给铁矿石价格，造成铁矿石价格小幅度上涨；当铁矿石价格上升时，铁矿石供给不足而需求过剩，铁矿石市场的利好信息会部分掩盖海运费上涨信息，导致铁矿石价格小范围波动。

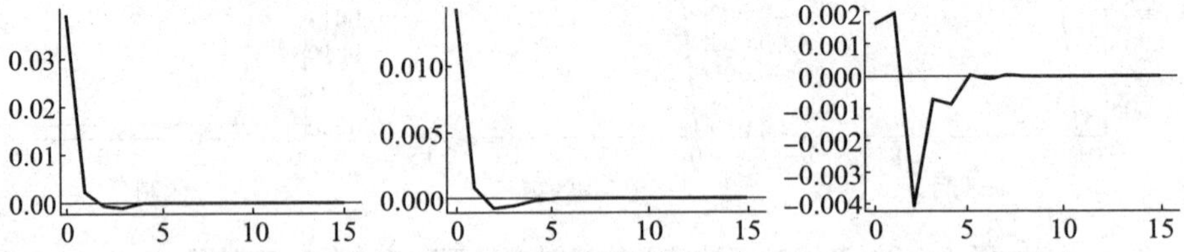

a.区制一　　b.区制二　　c.区制三

图 4-13　各区制下铁矿石价格对海运费冲击的响应情况

图 4-14 描述了石油价格冲击（DLN*OP*）对铁矿石价格的动态影响。

在给石油价格一个正标准差的冲击下，区制一（铁矿石价格下降）中的铁矿石价格在当期表现出正向影响，在第1期正向响应达到最大值，之后开始下降，在第3期响应由正转负，在第4期负向响应达到最大值，最后于第7期后响应值收敛为0；区制二（铁矿石价格平稳）中的铁矿石在当期也表现出正向响应，在第1期正向响应达到最大值，之后开始下降，在第3期响应由正转负，在第4期负向响应达到最大值，最后于第7期后响应值收敛为0；区制三（铁矿石价格上升）中铁矿石也在当期表现出正向响应，在第1期正向响应达到最大值，之后开始下降，在第3期响应由正转负，在第4期负向响应达到最大值，最后于第7期后响应值收敛为0。由此可见，在任何区制下石油价格都对铁矿石价格有正向影响。其中，区制一影响最大，区制二次之，区制三影响最小。此外，石油价格对铁矿石价格的影响具有一定的滞后性，可能因为石油价格不同于海运费，海运费可以视为铁矿石国际贸易的直接成本，而石油价格需要通过影响全社会的材料成本和运输成本等，进而提高铁矿石生产、运输成本。

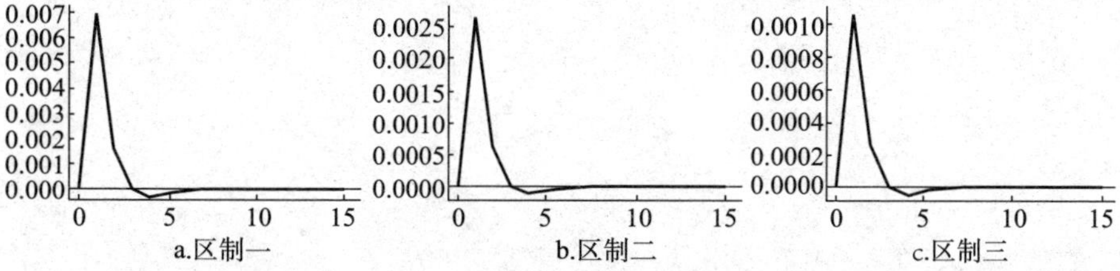

图4-14　各区制下铁矿石价格对石油价格冲击的响应情况

第四节　本章小结

本章采用MSVAR模型，从供需因素、成本因素、金融因素和投机因素四个方面，研究了各因素对铁矿石价格的非线性影响关系。研究表明，本书构建的MSIA（3）-VAR（2）模型较好地刻画了铁矿石价格波动的实际情况，将铁矿石价格波动划分为下降、平稳和上升三个区制分别进行分析是合理的、有效的。供给因素方面，国内铁矿石产量并不能在铁矿石价格处于平稳期和上升期时，抑制铁矿石价格上涨；而在铁矿石价格处于下降期时，国内铁矿石产量增加会加速铁矿石价格下降。需求因素方面，铁矿石进口量因素可以在铁矿石价格处于上升期时，有效抑制铁矿石价格上涨；在铁矿石处于任何区制状态下，国内粗钢产量增加都会提升铁矿石价格，并且当铁矿石价格处于下降状态时，国内粗钢产量对铁矿石价格的影响程度最大。金融因素方面，Shibor 隔夜拆借利率对铁矿石价格影响符合理论预期，表明铁矿石金融化程度高。投机因素对铁矿石价格的影响主要体现在加剧铁矿石价格波动上：当铁矿石价格处于下降状态时，库存增加会加速铁矿石价格的下降；当铁矿石价格处于上升状态时，库存增加会加速铁矿石价格的上涨。成本因素方面，石油价格和海运费都会对铁矿石价格产生正向影响，且在铁矿石价格处于下降期时影响程度最大，石油价格的影响具有一定的滞后性。

第五章

铁矿石价格波动溢出效应研究

我国铁矿石供给安全不容乐观。国内供给方面，受到国内铁矿石自然禀赋、成矿条件、开发成本等的限制，我国国产铁矿石产量只能满足国内钢铁产业需求量的20%左右。与之相对应的是我国铁矿石对外依存度长期居于高位，连续6年一直保持在70%~80%。更为严重的是，国际铁矿石市场呈现出高度垄断的态势，企业层面四大矿商、国家层面澳大利亚和巴西，基本垄断了国际铁矿石供应。我国钢铁产业对铁矿石的大量需求、铁矿石的高对外依存度和国际铁矿石市场的高度垄断等因素，共同导致了当铁矿石价格上涨时，我国只能被动承受，给进口铁矿石贸易带来大量损失。例如，2009—2010年，铁矿石价格谈判破裂；2020年新冠疫情带来铁矿石价格上涨，这些都给我国钢铁行业带来巨大冲击。在这种情况下，弄清楚进口铁矿石价格会如何影响国产铁矿石价格、铁矿石价格会如何传导至钢材价格，对我国科学制定相关产业政策有着重要意义。基于此，本章利用VAR-BEKK-GARCH模型从两个研究视角——铁矿石价格波动空间溢出效应和铁矿石价格波动垂直溢出效应，分别研究进口铁矿石价格波动对国产铁矿石价格的溢出效应和铁矿石价格波动对钢材价格的溢出效应。

第一节　溢出效应的机理分析

关于大宗矿产品市场价格、贸易等问题，学者长期关注在不同维度上探讨不同市场之间存在的联系。以本章研究的铁矿石产品为例，铁矿石市场整合可以划分为三类：空间市场整合、垂直市场整合和跨商品市场整合。

铁矿石空间市场整合从本质上讲，是资源配置在地理上的差异导致了铁矿石需要在空间维度上展开贸易往来，即铁矿石在局部地区表现为供过于求，而在其他地区表现为供不应求。矿产品贸易往来使不同市场之间建立起了空间维度的联动关系，而包括运输成本、基础设施建设、汇率政策、贸易政策在内的多种因素都会对这种联动关系造成影响。因而，市场整合理论可以被用来分析不同大宗矿产市场或同种矿产品在不同市场上的相关联系和影响。Baulch（1997）指出关于市场整合的系列研究聚焦于探索空间市场的联动关系，进而为市场体制改革、贸易政策和价格稳定政策的制定提供科学依据。

垂直市场整合是上下游产业链中不同产品市场之间的价格联动关系，例如铁矿石市场和钢铁市场；或是上下游供应链中同种产品不同市场之间的价格联动关系。跨商品市场整合关注同一产业链的不同产品市场之间的价格联动关系，其分析侧重探索不同产品是否存在替代性或互补性关系，例如炼钢市场（长流程炼钢）和废钢市场（短流程炼钢）。本书主要关注铁矿石市场的空间市场整合和垂直市场整合。

在铁矿石价格波动空间市场整合方面，可以认为以信息诱发和进口贸易作为主要途径进行传导。具体作用机理为，当进口铁矿石价格低于国产铁矿石价格时，国内钢铁企业会根据这一价格信息，从利润最大化这一经营管理指标出发，降低对国内铁矿石的使用偏好，而这一改变会促使国内钢铁企业减少对国产铁矿石的需求，导致国产铁矿石价格下降。因此，进口铁矿石价格波动可以通过改变钢铁企业使用偏好，进而导致国产铁矿石需求端发生变化，最后将价格波动传导至国产铁矿石。同样，当国产铁矿石价格低于进口铁矿石价格时，进口贸易和信息传导也会促使国内钢铁企业改变使用偏好，进而从需求端带来进口铁矿石价格波动。因此，从理论上而言，进口铁矿石和国产铁矿石之间存在双向传导效应。

在铁矿石价格波动垂直市场整合方面，铁矿石生产企业是钢铁产业链的上游主体，钢铁企业是钢铁产业链的下游主体，铁矿石生产企业和钢铁企业之间的交易行为和工业对钢铁的需求，能够决定钢铁产业链上游的铁矿石价格和下游的钢铁价格。一方面，钢铁企业作为铁矿石的需求方，铁矿石生产企业直接将铁矿石卖给钢企，由生产成本变动、突发事件等造成的铁矿石价格波动势必传导到钢铁企业。但国内钢铁企业大多是国有企业，在市场中较为强势，同时钢铁行业投资大，并且生产停止损失较大，所以钢企可能通过高定价策略来吸收铁矿石价格波动以防止原材料供给中断，并维持下游市场稳定，这就会导致铁矿石价格并不能传导到钢铁价格。另一方面，当钢铁需求发生剧烈变化时，钢铁企业可以根据钢铁价格和利润考核指标相应地调整铁矿石收购策略和收购价格，因此钢铁价格可以传导到铁矿石价格。

第二节　VAR-BEKK-GARCH 模型、指标选取及数据来源

一、VAR-BEKK-GARCH 模型

如第四章所述，VAR 模型是在自回归模型的基础上，将所有变量作为被解释变量，所有变量的滞后值作为解释变量所构建的系统模型。其数学表达式可写为

$$y_t = c + \beta_1 y_{t-1} + \beta_2 y_{t-2} + \cdots + \beta_k y_{t-k} + \epsilon_t \tag{5-1}$$

其中，y_t 为 $N\times1$ 阶向量组成的时间序列；c 为 $N\times1$ 阶常数向量组成的截距项；β_1，…，β_k 为 $N\times N$ 阶参数矩阵；ϵ_t 为 $N\times1$ 阶随机扰动向量；k 为最优滞后阶数。以变量个数为 2，滞后期也为 2 的 VAR 模型为例，式（5-1）可以展开表示为

$$\begin{pmatrix} y_{1,t} \\ y_{2,t} \end{pmatrix} = \begin{pmatrix} c_1 \\ c_2 \end{pmatrix} + \begin{pmatrix} \beta_{11,1} & \beta_{12,1} \\ \beta_{21,1} & \beta_{22,1} \end{pmatrix} \begin{pmatrix} y_{1,t-1} \\ y_{2,t-1} \end{pmatrix} + \begin{pmatrix} \beta_{11,2} & \beta_{12,2} \\ \beta_{21,2} & \beta_{22,2} \end{pmatrix} \begin{pmatrix} y_{1,t-2} \\ y_{2,t-2} \end{pmatrix} + \begin{pmatrix} \epsilon_{1t} \\ \epsilon_{2t} \end{pmatrix} \quad (5-2)$$

方程形式可写为

$$\begin{cases} y_{1,t} = c_1 + \beta_{11,1} y_{1,t-1} + \beta_{11,2} y_{1,t-2} + \beta_{12,1} y_{2,t-1} + \beta_{12,2} y_{2,t-2} + \epsilon_{1t} \\ y_{2,t} = c_2 + \beta_{21,1} y_{1,t-1} + \beta_{21,2} y_{1,t-2} + \beta_{22,1} y_{2,t-1} + \beta_{22,2} y_{2,t-2} + \epsilon_{2t} \end{cases} \quad (5-3)$$

在方程（5-3）中：

①如果 $\beta_{12,1} = \beta_{12,2} = 0$，$\beta_{21,1} = \beta_{21,2} = 0$，则方程转化为

$$\begin{cases} y_{1,t} = c_1 + \beta_{11,1} y_{1,t-1} + \beta_{11,2} y_{1,t-2} + \epsilon_t \\ y_{2,t} = c_2 + \beta_{21,1} y_{1,t-1} + \beta_{21,2} y_{1,t-2} + \epsilon_t \end{cases} \quad (5-4)$$

方程（5-4）实际上是将方程（5-3）的 VAR 模型转化为 2 个变量的二阶自回归模型，说明 2 个变量与另一个变量的滞后值并没有相关关系，即 $y_{1,t}$ 的滞后值不能决定 $y_{2,t}$，$y_{2,t}$ 的滞后值也不能决定 $y_{1,t}$。

②如果 $\beta_{12,1}$ 与 $\beta_{12,2}$ 至少有一个不等于 0，同时 $\beta_{21,1}$ 与 $\beta_{21,2}$ 至少有一个不等于 0，说明 2 个变量与另一个变量的滞后值都有相关关系，即 $y_{1,t}$ 的滞后值能决定 $y_{2,t}$，$y_{2,t}$ 的滞后值也能决定 $y_{1,t}$。同理，当 $\beta_{12,1}$ 与 $\beta_{12,2}$ 至少有一个不等于 0，$\beta_{21,1} = \beta_{21,2} = 0$，那么双变量之间的关系仅为 $y_{2,t}$ 的滞后值能决定 $y_{1,t}$，而当 $\beta_{21,1}$ 与 $\beta_{21,2}$ 至少有一个不等于 0，双变量之间的关系仅为 $y_{1,t}$ 的滞后值能决定 $y_{2,t}$。

基于上述转换，Granger 于 1969 年提出了 VAR 模型的格兰杰因果检验。对于 $y_{1,t}$ 的预测，如果 $y_{2,t}$ 的滞后变量系数不为 0，则 $y_{2,t}$ 是 $y_{1,t}$ 的格兰杰原因；对于 $y_{2,t}$ 的预测，如果 $y_{1,t}$ 的滞后变量系数不为 0，则 $y_{1,t}$ 是 $y_{2,t}$ 的格兰杰原因。考虑式（5-3）的双变量 VAR 模型：

①如果 $\beta_{12,1} = \beta_{12,2} = 0$，$\beta_{21,1} = \beta_{21,2} = 0$，则 $y_{1,t}$ 与 $y_{2,t}$ 不互为格兰杰原因。

②如果 $\beta_{12,1}$ 与 $\beta_{12,2}$ 至少有一个不等于 0，同时 $\beta_{21,1}$ 与 $\beta_{21,2}$ 至少有一个不等于 0，则 $y_{1,t}$ 与 $y_{2,t}$ 互为格兰杰原因。

③如果 $\beta_{12,1}$ 与 $\beta_{12,2}$ 至少有一个不等于 0，$\beta_{21,1} = \beta_{21,2} = 0$，则 $y_{2,t}$ 是 $y_{1,t}$ 的

格兰杰原因，$y_{1,t}$不是$y_{2,t}$的格兰杰原因。

④如果$\beta_{21,1}$与$\beta_{21,2}$至少有一个不等于0，$\beta_{12,1}=\beta_{12,2}=0$，则$y_{1,t}$是$y_{2,t}$的格兰杰原因，$y_{2,t}$不是$y_{1,t}$的格兰杰原因。

需要注意的是格兰杰因果关系仅是时间序列统计学意义上的因果关系，并不是现实世界中的因果关系。我们一般利用F检验进行格兰杰因果检验，对于一个双变量k阶的VAR模型：

$$\mathrm{H}_0: \beta_{12,1}=\beta_{12,2}=\cdots=\beta_{12,k}=0$$

H_1：至少存在一个k使得$\beta_{12,k}\neq 0$。

其统计量为

$$S_1=\frac{(RSS_0-RSS_1/p)}{RSS_0/(T-2p-1)}\sim F(p,\ T-2p-1) \tag{5-5}$$

其中，RSS_1为$y_{1,t}$方程中的残差平方和，如果S_1大于F的临界值，则拒绝原假设，即$y_{2,t}$不是$y_{1,t}$的格兰杰原因；反之则接受原假设，$y_{2,t}$是$y_{1,t}$的格兰杰原因。

传统计量经济学模型中，干扰项的方差往往被假定为恒定的，但金融时间序列，特别是价格对数收益率序列经常表现出波动率聚集现象，即一段时间波动率高，另一段时间波动率低。在这种情况下，假设方差为恒定是不恰当的。Engle于1982年提出了自回归条件异方差（Autoregressive Conditional Heteroskedasticity，ARCH）模型来应对这种情况。ARCH模型将当前一切可利用的信息作为条件，并采用自回归形式描述方差的变异，对于一个时间序列而言，在不同时刻可利用的信息不同，而相应的条件方差也不同。ARCH模型、GARCH模型往往都是用来研究单变量的波动聚集问题的，而Engle和Kroner于1995年提出了BEKK-GARCH模型来研究多变量的波动问题，即不同市场间的波动溢出效果。本书将先介绍ARCH模型、GARCH模型，二者都由条件均值方程与条件方差方程组成。ARCH模型表达式为

$$y_t=c+\beta_1 y_{t-1}+\epsilon_t \tag{5-6}$$

$$\sigma_t^2=\alpha_0+\alpha_1\epsilon_{t-1}^2+\cdots+\alpha_p\epsilon_{t-p}^2 \tag{5-7}$$

其中，式（5-6）条件均值方程中，y_t 为被解释变量；y_{t-1}为解释变量；ϵ_t 为模型的扰动项。式（5-7）条件方差方程中，σ_t^2 为扰动项 ϵ_t 的方差，其与滞后 p 期扰动项的平方构成自回归过程，所以称为自回归条件异方差模型，以上为 ARCH（p）模型。若扰动项方差对于扰动项平方的自回归过程包含的滞后期过多，则会导致模型待估计参数过多，影响模型精度。Bollerslev 于 1986 年提出了广义自回归条件异方差（General Autoregressive Conditional Heteroskedasticity，GARCH）模型来应对这个问题。GARCH 模型将扰动项方差平方本身的自回归过程也纳入条件方差方程。GARCH 模型条件均值方程同式（5-6），保持不变，条件方差方程改进为以下表达式：

$$\sigma_t^2=\alpha_0+\alpha_1\epsilon_{t-1}^2+\cdots+\alpha_p\epsilon_{t-p}^2+\gamma_1\sigma_{t-1}^2+\cdots+\gamma_k\sigma_{t-q}^2 \tag{5-8}$$

式（5-8）为 GARCH（p，q）模型，p 代表的是 ARCH 项 ϵ_{t-1}^2的阶数；q 代表的是 GARCH 项的阶数。GARCH 项与 ARCH 项系数之和反映了波动冲击的持久性，当系数之和小于 1 时，满足平稳性条件，表明波动冲击会逐渐消失；而当系数之和非常接近 1 时，说明波动冲击是持久的。在实际建模过程中，一般认为 GARCH（1，1）就足以描述现实中大部分时间序列数据的状况了。

BEKK-GARCH 可以用来研究多变量的波动溢出问题，若变量之间存在跨期相关性，即存在格兰杰因果关系，则可通过 VAR 模型作为条件均值方程，以过滤得到残差，再对残差进行 BEKK-GARCH 建模。VAR 模型中的格兰杰关系检验一般作为一阶矩溢出效应研究，即均值溢出效应。考虑双变量系统，VAR-BEKK-GARCH 模型均值方程为

$$\begin{cases}y_{1,t}=c_1+\beta_{11,1}y_{1,t-1}+\beta_{12,1}y_{2,t-1}+\epsilon_{1t}\\ y_{2,t}=c_2+\beta_{21,1}y_{1,t-1}+\beta_{22,1}y_{2,t-1}+\epsilon_{2t}\end{cases}\epsilon_t\sim N(0,\ H_t) \tag{5-9}$$

其中，$y_{1,t}$、$y_{2,t}$为被解释变量；$y_{1,t-1}$、$y_{2,t-1}$为解释变量；ϵ_{1t}、ϵ_{2t}为条

件均值方程的扰动项，并服从均值为 0、方差为 H_t 的正态分布，均值方程可以消除线性依赖。

$$H_t = CC' + A'\epsilon_{t-1}\epsilon'_{t-1}A + B'H_{t-1}B \tag{5-10}$$

式（5-10）为扰动项的条件方差协方差矩阵，C 为下三角矩阵；A 为 ARCH 项系数矩阵；B 为 GARCH 项系数矩阵，其矩阵形式为

$$\begin{pmatrix} h_{11,t} & h_{12,t} \\ h_{21,t} & h_{22,t} \end{pmatrix} = \begin{pmatrix} c_{11} & 0 \\ c_{21} & c_{22} \end{pmatrix} \begin{pmatrix} c_{11} & 0 \\ c_{21} & c_{22} \end{pmatrix}' +$$

$$\begin{pmatrix} a_{11} & a_{12} \\ a_{21} & a_{22} \end{pmatrix}' \begin{pmatrix} \epsilon_{1,t-1}^2 & \epsilon_{1,t-1}\epsilon_{2,t-1} \\ \epsilon_{1,t-1}\epsilon_{2,t-1} & \epsilon_{2,t-1}^2 \end{pmatrix} \begin{pmatrix} a_{11} & a_{12} \\ a_{21} & a_{22} \end{pmatrix} +$$

$$\begin{pmatrix} b_{11} & b_{12} \\ b_{21} & b_{22} \end{pmatrix}' \begin{pmatrix} h_{11,t-1} \\ h_{21.t-1} \end{pmatrix} \begin{pmatrix} b_{11} & b_{12} \\ b_{21} & b_{22} \end{pmatrix} \tag{5-11}$$

式（5-11）可用公式表示为

$$h_{11,t} = c_{11}^2 + a_{11}^2\epsilon_{1,t-1}^2 + 2a_{11}a_{21}\epsilon_{1,t-1}\epsilon_{2,t-1} + a_{21}^2\epsilon_{2,t-1}^2 + b_{11}^2h_{11,t-1} + 2b_{11}b_{21}h_{21,t-1} + b_{21}^2h_{22,t-1} \tag{5-12}$$

$$h_{22,t} = c_{21}^2 + c_{22}^2 + a_{12}^2\epsilon_{1,t-1}^2 + 2a_{12}a_{22}\epsilon_{1,t-1}\epsilon_{2,t-1} + a_{22}^2\epsilon_{2,t-1}^2 + b_{12}^2h_{11,t-1} + 2b_{12}b_{22}h_{12,t-1} + b_{22}^2h_{22,t-1} \tag{5-13}$$

$$h_{12,t} = c_{11}c_{21} + a_{11}a_{12}\epsilon_{1,t-1}^2 + (a_{12}a_{22} + a_{11}a_{22})\epsilon_{1,t-1}\epsilon_{2,t-1} + a_{21}a_{22}\epsilon_{2,t-1}^2 + b_{11}b_{12}h_{11,t-1} + (b_{12}b_{21} + b_{11}b_{22})h_{12,t-1} + b_{21}b_{22}h_{22,t-1} \tag{5-14}$$

由于 H_t 为协方差矩阵，故 $h_{12,t}$ 等于 $h_{21,t}$。上式中的 $h_{11,t}$ 代表变量 1 的条件方差；$h_{22,t}$ 代表变量 2 的条件方差；$h_{12,t}$ 与 $h_{21,t}$ 代表变量间的条件协方差。对于变量 1，a_{11} 与 b_{11} 代表其条件方差受到自身的过去冲击与市场波动的影响。由于式（5-10）中的 A 与 B 均运用其转置矩阵进行左乘，a_{12} 与 b_{12} 则分别代表变量 1 对变量 2 的 ARCH 型波动溢出效应和 GARCH 型波动溢出效应，而并非变量 2 对变量 1 的价格波动溢出效应。同样可得，a_{21} 与 b_{21} 则分别代表变量 2 对变量 1 的 ARCH 型波动溢出效应和 GARCH 型波动

溢出效应。

由上可得，要检验变量 1 是否对变量 2 存在波动溢出效应，则原假设为 $a_{12}=b_{12}=0$，此时式（5-13）与式（5-14）会转化为

$$h_{22,t}=c_{21}^2+c_{22}^2+a_{22}^2\epsilon_{2,t-1}^2+b_{22}^2h_{22,t-1} \tag{5-15}$$

$$h_{12,t}=c_{11}c_{21}+a_{11}a_{22}\epsilon_{1,t-1}\epsilon_{2,t-1}+a_{21}a_{22}\epsilon_{2.t-1}^2+b_{11}b_{22}h_{12,t-1}+b_{21}b_{22}h_{22,t-1} \tag{5-16}$$

此时，变量 2 的条件方差没有受到市场 1 的影响，仅受自身过去值的影响。同理，可以检验变量 2 对变量 1 不存在波动溢出效应的情况。因此，对变量 1 与变量 2 之间的波动溢出效应提出如下假设。

假设 1：H_0：$a_{12}=b_{12}=0$，即变量 1 对变量 2 不存在价格波动溢出效应；

假设 2：H_0：$a_{21}=b_{21}=0$，即变量 2 对变量 1 不存在价格波动溢出效应；

假设 3：H_0：$a_{12}=b_{12}=0$，$a_{21}=b_{21}=0$，即变量 1 与变量 2 之间不存在双向价格波动溢出效应。

由上可知，可以通过矩阵 A 和 B 的非对角元素判断变量间的波动溢出效应。具体而言，若系数 a_{12} 和 b_{12} 至少有一个显著不为 0，则可以拒绝原假设，变量 1 对变量 2 存在波动溢出效应。同理，若系数 a_{21} 和 b_{21} 至少有一个显著不为 0，则可以拒绝原假设，变量 2 对变量 1 存在波动溢出效应。

BEKK-GARCH 模型的参数是由高斯对数似然函数的极大似然法估计的。对于单个观察值，其似然函数为

$$l_t(\theta)=-\frac{N}{2}\ln(2\pi)-\frac{1}{2}\ln(|H_t|)-\frac{1}{2}u'_tH_t^{-1}u_t \tag{5-17}$$

含有 T 个样本的对数似然函数为 $l_t(\theta)=\sum_{t=1}^{T}l_t$，即

$$l(\theta)=-\frac{TN}{2}\ln(2\pi)-\frac{1}{2}\sum_{t=1}^{T}\ln(|H_t|)-\frac{1}{2}\sum_{t=1}^{T}u'_tH_t^{-1}u_t \tag{5-18}$$

式中，θ 为带估计参数向量；T 为样本总量；N 为序列数量。

二、变量选取

在铁矿石价格波动水平方向上的溢出效应，即空间溢出效应研究方面选取的变量有进口铁矿石价格和国产铁矿石价格。在铁矿石价格波动垂直方向上的溢出效应，即产业链上的价格波动溢出效应研究方面选取的变量有进口铁矿石价格、国产铁矿石价格和国内钢材价格。同时研究产业链视角下进口铁矿石价格对国内钢材价格的溢出效应和国产铁矿石价格对国内钢材价格的溢出效应。在对价格波动的研究中，通常需要考虑的不是价格本身的时间序列数据，而是价格收益率的时间序列数据，其计算方式如下：

$$R_t = \ln\left(\frac{P_t}{P_{t-1}}\right) \tag{5-19}$$

式（5-19）中，R_t 代表价格收益率；P_t 代表研究对象 t 期的价格；P_{t-1}代表研究对象 $t-1$ 期的价格。分别使用R_{iip}、R_{cip}和 R_{csp}代表进口铁矿石、国产铁矿石和国内钢材市场的收益率时间序列。

三、数据来源与描述性统计

进口铁矿石价格数据来源于 WIND 行业数据库，以中钢协会员单位报送的干基粉矿到岸价格和国内港口进口铁矿石市场成交价格采用加权方式计算而得；国产铁矿石价格数据来源于 WIND 行业数据库，取 63.5%为基准品位，以河北唐山、辽宁北票、山东淄博、山西代县以及安徽繁昌 5 个地区的价格加权平均计算而来。国内钢材价格数据来源于中国钢铁行业协会，钢材综合价格指数采用长材和扁平材进行综合加权计算而得，用于全面反映国内普钢市场价格走势和波动状况。

本书采用月度数据，鉴于数据的可获得性，此次选取了 168 个月的月度数据，时间区间为 2007 年 1 月至 2020 年 12 月。表 5-1 为进口铁矿石市场（R_{iip}）、国产铁矿石市场（R_{cip}）和国内钢材市场（R_{csp}）收益率时间序列的描述性统计。所有序列的均值和中位数均接近 0，同时远小于标准差，说明所有序列为在 0 附近震荡的无趋势序列。所有序列的偏度均小于 0，表明所有序列数值减小的可能性都比较大。峰态值表明所有序列均存在厚尾效应，Jarque-Bera 检验均在 1%的显著性水平上拒绝了无条件正态分布的原假设，表明所有序列都不是正态分布。

表 5-1　收益率时间序列的描述性统计

变量	R_{iip}	R_{cip}	R_{csp}
均值	0. 0027	0. 0028	0. 0013
中位数	0. 0033	0. 0108	-0. 0008
最大值	0. 2235	0. 2264	0. 1669
最小值	-0. 3816	-0. 3898	-0. 2452
标准差	0. 0719	0. 0773	0. 0500
偏度	-0. 8103	-0. 7519	-0. 4243
峰态	7. 5535	6. 3226	6. 7197
Jarque-Bera 检验	162. 5507***	92. 5519***	101. 2860***

注：***表示在 1%的显著性水平上通过检验。

第三节　铁矿石价格波动溢出效应实证分析

一、平稳性检验

一般而言，为保证 VAR 模型的稳定和拒绝伪回归现象，VAR 模型中的变量须为平稳序列。本书采用 Augmented Dickey-Fuller（ADF）检验和 Phillips-Perron（PP）检验对变量序列进行单位根检验，是否包含常数项和趋势项根据观察变量序列图得到，ADF 检验中的最优滞后阶数综合考虑 SIC 准则和 AIC 准则选取。由单位根检验结果可知（见表 5-2），所有序列都可以在 1%的显著性水平上拒绝存在单位根的原假设，为平稳序列，可直接用原序列构造 VAR 模型。

表 5-2 平稳性检验

变量	ADF 单位根检验			PP 单位根检验		
	t 值	P 值	结论	t 值	P 值	结论
R_{iip}	-8.813***	0.000	平稳	-8.756***	0.000	平稳
R_{cip}	-8.587***	0.000	平稳	-8.335***	0.000	平稳
R_{csp}	-8.720***	0.000	平稳	-8.408***	0.000	平稳

注：***表示在1%的显著性水平上通过检验。

二、条件均值方程的确定

1. 铁矿石价格波动空间溢出效应

在铁矿石价格波动空间溢出效应的研究中，本书关注的是铁矿石价格在不同市场中的溢出效应，例如国际市场到国内市场的溢出效应，因此应选取 R_{iip} 和 R_{cip} 作为研究对象。依据信息准则判断（见表 5-3），以 R_{iip} 和 R_{cip} 为变量构建的 VAR 模型最优滞后阶数为 2，同时可以注意到，在此最优滞后阶数下所有单位根模的倒数都小于 1，落在单位圆内（见图 5-1），证明了此 VAR 模型的稳定性。本章前面已对 VAR-BEKK-GARCH 模型进行详细介绍，因此条件均值方程应为基于 R_{iip} 和 R_{cip} 的双元 VAR（2）模型。

表 5-3 R_{iip} 和 R_{cip} VAR 模型最优滞后阶数判断结果

Lag	LogL	LR	FPE	AIC	SC	HQ
0	567.3566	NA	3.05e-06	-7.0230	-6.9848	-7.0075
1	583.5003	31.6858*	2.63e-06	-7.1739	-7.0591*	-7.1273*
2	588.3111	9.3228	2.60e-06*	-7.1840*	-6.9926	-7.1063
3	590.5592	4.3006	2.66e-06	-7.1622	-6.8943	-7.0534
4	592.5572	3.7727	2.73e-06	-7.1374	-6.7929	-6.9975
5	595.8396	6.1162	2.75e-06	-7.1284	-6.7073	-6.9575
6	599.3481	6.4504	2.77e-06	-7.1223	-6.6247	-6.9203

注：*表示在10%的显著性水平上通过检验。

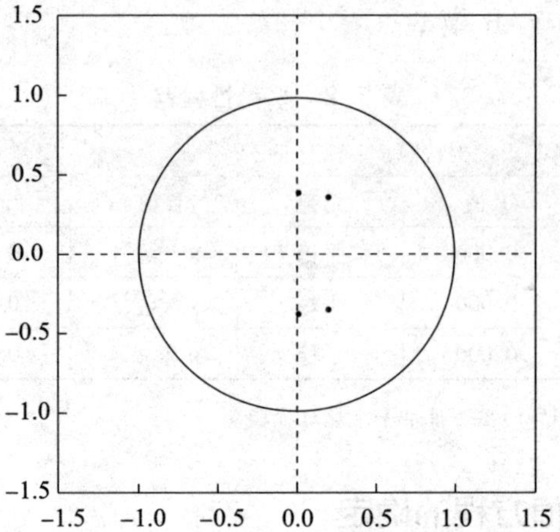

图 5-1　R_{iip}和 R_{cip}VAR 模型单位根倒数模的分布

2. 铁矿石价格波动垂直溢出效应

在铁矿石价格波动垂直溢出效应的研究中，本书关注的是铁矿石价格波动沿着产业链的溢出效应，因此应选取 R_{iip}、R_{cip} 和 R_{csp} 作为研究对象。本部分的研究重点为产业链视角下的铁矿石价格波动溢出效应，为保证研究的精确度，分别构建基于 R_{iip} 和 R_{csp}、R_{cip} 和 R_{csp} 的双元 VAR-BEKK-GARCH 模型。根据信息准则（见表 5-4、表 5-5）和单位根倒数模的分布图（见图 5-2、图 5-3）可得，条件均值方程为基于 R_{iip}和 R_{csp}的双元 VAR（2）模型和基于 R_{cip}和 R_{csp}的双元 VAR（2）模型。

表 5-4　R_{iip}和 R_{csp}VAR 模型最优滞后阶数判断结果

Lag	LogL	LR	FPE	AIC	SC	HQ
0	518.0301	NA	5.64e-06	-6.4103	-6.3720	-6.3948
1	537.8744	38.9491	4.63e-06	-6.6071	-6.4923*	-6.5605*
2	541.8876	7.7770	4.63e-06*	-6.6073*	-6.4159	-6.5296
3	544.4552	4.9119	4.71e-06	-6.5895	-6.3216	-6.4807
4	545.0130	1.0533	4.92e-06	-6.5467	-6.2022	-6.4069
5	550.8029	10.7887	4.81e-06	-6.5690	-6.1479	-6.3980
6	557.8843	13.0192*	4.63e-06	-6.6073	-6.1096	-6.4052

注：*表示在10%的显著性水平上通过检验。

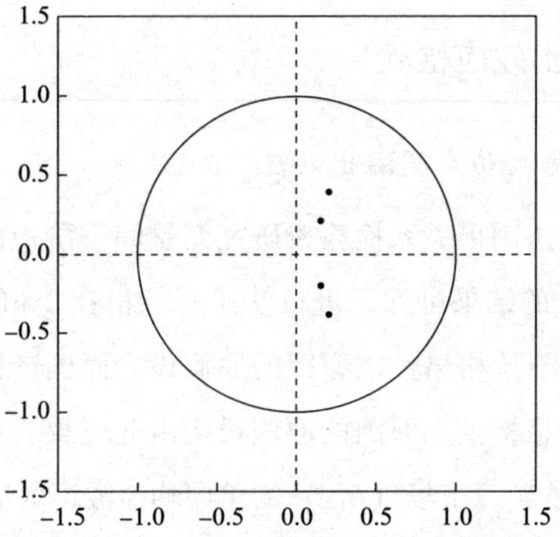

图 5-2　R_{iip}和 R_{csp}VAR 模型单位根倒数模的分布

表 5-5　R_{cip}和 R_{csp}VAR 模型最优滞后阶数判断结果

Lag	LogL	LR	FPE	AIC	SC	HQ
0	504. 6217	NA	6. 66e-06	-6. 2437	-6. 2055	-6. 2282
1	525. 7507	41. 4706	5. 38e-06	-6. 4565	-6. 3417*	-6. 4099*
2	530. 4686	9. 1428	5. 34e-06*	-6. 4654*	-6. 2741	-6. 3877
3	532. 1473	3. 2115	5. 49e-06	-6. 4366	-6. 1687	-6. 3278
4	534. 0321	3. 5588	5. 64e-06	-6. 4103	-6. 0658	-6. 2705
5	539. 3081	9. 8310*	5. 55e-06	-6. 4262	-6. 0051	-6. 2552
6	543. 0467	6. 8734	5. 57e-06	-6. 4229	-5. 9253	-6. 2209

注：* 表示在 10%的显著性水平上通过检验。

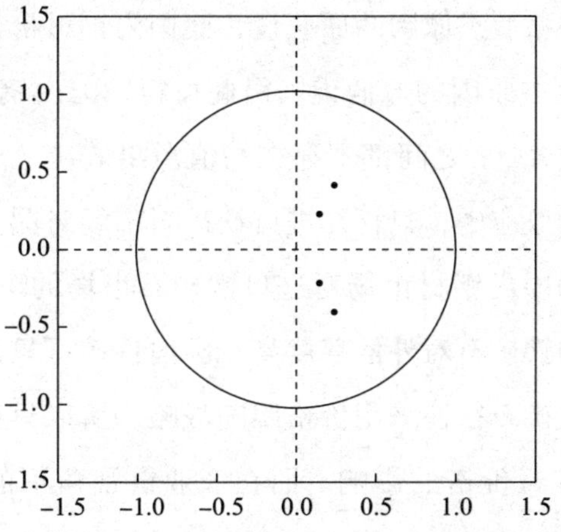

图 5-3　R_{cip}和 R_{csp}VAR 模型单位根倒数模的分布

三、均值溢出效应检验

1. 铁矿石价格波动空间溢出效应

一般利用格兰杰因果关系检验来研究变量间一阶矩的关系，即均值溢出效应。从表 5-6 的结果可知，进口铁矿石价格在 1%的显著性水平上拒绝了不是国产铁矿石价格格兰杰原因的原假设，而国产铁矿石价格接受了不是进口铁矿石价格格兰杰原因的原假设。由此可得，存在进口铁矿石市场（R_{iip}）对国产铁矿石市场（R_{cip}）的单向均值溢出效应。

表 5-6 铁矿石空间溢出效应格兰杰因果检验

原假设	F 统计值	P 值	结论
R_{iip}不是 R_{cip}的格兰杰原因	6.6956	0.0018	拒绝
R_{cip}不是 R_{iip}的格兰杰原因	1.4790	0.2310	接受

2. 铁矿石价格波动垂直溢出效应

从表 5-7 的结果可知，进口铁矿石价格接受了不是国内钢材价格格兰杰原因的原假设，而国内钢材价格在 10%的显著性水平上拒绝了不是进口铁矿石价格格兰杰原因的原假设。由此可得，存在国内钢材市场（R_{csp}）对进口铁矿石市场（R_{iip}）的单向均值溢出效应。国产铁矿石价格接受了不是国内钢材价格格兰杰原因的原假设，而国内钢材价格也接受了不是国产铁矿石价格格兰杰原因的原假设。由此可得，国内钢材市场（R_{csp}）与国产铁矿石市场（R_{cip}）之间都不存在均值溢出效应。综上，在铁矿石价格波动的均值溢出效应中，只存在进口铁矿石市场对国产铁矿石市场的单向均值溢出效应和国内钢材市场对进口铁矿石市场的单向均值溢出效应，这可能是因为我国铁矿石对外依存度高，国内铁矿石只是起一个补充供给的作用，且国内铁矿石往往采用价格跟随战略，所以只存在进口铁矿石价格波动对国内铁矿石价格的影响。而在产业链视角下的均值溢出效应方面，则是因为我国钢铁产业投资大、利润薄、技术不强，对铁矿石有一种刚性需求，所以进口铁矿石价格不能传导到国内钢材价格，而国内钢材价格可以传导到进口铁矿石价格，这与前面的理论分析相符。最后，因为国内铁矿石供给占比过低，只有补充作用，所以国内铁矿石价格和国内钢材价格互相不为格兰杰原因。

表 5-7　铁矿石垂直溢出效应格兰杰因果检验

原假设	F 统计值	P 值	结论
R_{iip}不是R_{csp}的格兰杰原因	0.3080	0.7354	接受
R_{csp}不是R_{iip}的格兰杰原因	2.9143	0.0571	拒绝
R_{cip}不是R_{csp}的格兰杰原因	0.2251	0.7987	接受
R_{csp}不是R_{cip}的格兰杰原因	0.7505	0.4738	接受

四、波动溢出效应检验

1. 铁矿石价格波动空间溢出效应

本书利用 WinRATS 软件，基于 BFGS 算法对 VAR-BEKK-GARCH 模型中的参数进行估计，并对变量间二阶矩，即波动溢出效应进行研究。根据结果可知（见表 5-8），进口铁矿石市场（R_{iip}）与国产铁矿石市场（R_{cip}）之间存在双向波动溢出效应。具体来看，参数 A_{12}和 B_{12}均在 1%的显著性水平下异于 0，表明进口铁矿石市场对国产铁矿石市场同时存在 ARCH 型和 GARCH 型的波动溢出效应，即进口铁矿石市场的过去冲击对国产铁矿石市场的当期波动影响显著，同时进口铁矿石市场的过去条件方差也对国产铁矿石市场的当期波动影响显著；参数 A_{21}在 1%的显著性水平下异于 0，表明国产铁矿石市场对进口铁矿石市场存在 ARCH 型的波动溢出效应，即国产铁矿石市场的过去冲击对进口铁矿石市场的当期波动影响显著。

本书进一步利用 Wald 检验验证上述研究结论。对于进口铁矿石市场与国产铁矿石市场之间的溢出效应，在 $a_{12}=b_{12}=0$，$a_{21}=b_{21}=0$ 和 $a_{12}=b_{12}=0$、$a_{21}=b_{21}=0$ 三个原假设条件下，Wald 检验均能在 1%的水平下拒绝原假设，进一步验证了进口铁矿石市场与国产铁矿石市场之间存在双向波动溢出效应。

表 5-8 R_{iip}和 R_{cip}的 VAR-BEKK-GARCH 模型估计结果

参数	估计值	标准误	T 值	P 值
条件均值方程				
R_{iip}_1	-0.0734	0.1083	-0.6777	0.4980
R_{iip}_2	0.8166	0.1532	5.3298	0.0000
R_{cip}_1	0.4935	0.1010	-1.3695	0.1789
R_{cip}_2	-0.7877	0.1632	0.9914	0.2988
Constant	0.0112	0.0033	3.4456	0.0006
R_{iip}_1	-0.0166	0.1150	-0.144	0.8848
R_{iip}_2	1.0456	0.1581	6.6110	0.0000
R_{cip}_1	0.4722	0.1055	4.4745	0.0000
R_{cip}_2	-1.0124	0.1699	-5.9590	0.0000
Constant	0.0096	0.0032	3.0040	0.0026
条件方差-协方差方程				
C（1，1）	0.0344	0.0084	4.0863	0.0000
C（2，1）	0.0364	0.0084	4.2979	0.0000
C（2，2）	-0.0000	0.0029	-0.0005	0.9995
A（1，1）	-1.4433	0.3748	-3.8507	0.0001
A（1，2）	-1.7816	0.3822	-4.660	0.0000
A（2，1）	-0.8675	0.2763	-3.1398	0.0016
A（2，2）	-0.4905	0.2842	-1.7257	0.0843
B（1，1）	-0.3538	0.2691	-1.3145	0.1886
B（1，2）	1.2732	0.2645	-4.812	0.0000
B（2，1）	0.3084	0.2795	1.1034	0.2698
B（2，2）	1.2381	0.2779	4.4542	0.0000

原假设	Wald 值	P 值
H_0：$a_{12}=b_{12}=0$	132.2613	0.0000
H_0：$a_{21}=b_{21}=0$	6.9417	0.0009
H_0：$a_{12}=b_{12}=0$，$a_{21}=b_{21}=0$	132.2613	0.0000

2. 铁矿石价格波动垂直溢出效应

从表5-9的结果可知，进口铁矿石市场（R_{iip}）与国内钢材市场（R_{csp}）存在单向波动溢出效应。具体来看，参数 A_{12} 和 B_{12} 均不显著，说明进口铁矿石市场与国内钢材市场之间既不存在ARCH型溢出效应，也不存在GARCH型溢出效应，即进口铁矿石市场的过去冲击对国内钢材市场的当期波动影响不显著，同时进口铁矿石市场的过去条件方差对国内钢材市场的当期波动影响也不显著；参数 B_{21} 在10%的显著性水平上异于0，说明存在国内钢材市场对进口铁矿石市场的GARCH型波动溢出效应，即国内钢材市场的过去条件方差对进口铁矿石市场的当期波动影响显著。

根据Wald检验，对于进口铁矿石市场与国内钢材市场之间的溢出效应，仅能拒绝 $a_{21}=b_{21}=0$ 和 $a_{12}=b_{12}=0$、$a_{21}=b_{21}=0$ 的原假设，不能拒绝 $a_{12}=b_{12}=0$ 的原假设，进一步证实了存在国内钢材市场对进口铁矿石市场的单向波动溢出效应。

表5-9　R_{iip} 和 R_{csp} 的VAR-BEKK-GARCH模型估计结果

参数	估计值	标准误	T值	P值
条件均值方程				
R_{iip}_1	0.1675	0.1731	0.9677	0.3331
R_{iip}_2	-0.0879	0.1165	-0.7542	0.4506
R_{csp}_1	0.3394	0.1501	2.2612	0.0237
R_{csp}_2	-0.1385	0.1647	-0.8406	0.4005
Constant	0.0013	0.0053	0.2531	0.8001
R_{iip}_1	-0.1514	0.1023	-1.4798	0.1389
R_{iip}_2	0.0210	0.1153	0.1827	0.8550
R_{csp}_1	0.5431	0.1120	4.8459	0.0000
R_{csp}_2	-0.1864	0.1265	-1.4733	0.1406
Constant	0.0005	0.0027	0.2058	0.8368

续表

<table>
<tr><th>参数</th><th>估计值</th><th>标准误</th><th>T 值</th><th colspan="2">P 值</th></tr>
<tr><td colspan="6">条件方差-协方差方程</td></tr>
<tr><td>C（1，1）</td><td>0.0349</td><td>0.0146</td><td>2.3770</td><td colspan="2">0.0174</td></tr>
<tr><td>C（2，1）</td><td>-0.0040</td><td>0.0110</td><td>-0.3686</td><td colspan="2">0.7123</td></tr>
<tr><td>C（2，2）</td><td>-0.0000</td><td>0.0158</td><td>0.0000</td><td colspan="2">0.9999</td></tr>
<tr><td>A（1，1）</td><td>0.3958</td><td>0.3650</td><td>1.0843</td><td colspan="2">0.2781</td></tr>
<tr><td>A（1，2）</td><td>0.0498</td><td>0.1480</td><td>0.3369</td><td colspan="2">0.7361</td></tr>
<tr><td>A（2，1）</td><td>-0.0546</td><td>0.3244</td><td>-0.168</td><td colspan="2">0.8662</td></tr>
<tr><td>A（2，2）</td><td>0.4889</td><td>0.2583</td><td>1.8925</td><td colspan="2">0.0584</td></tr>
<tr><td>B（1，1）</td><td>0.4156</td><td>0.4285</td><td>0.9697</td><td colspan="2">0.3321</td></tr>
<tr><td>B（1，2）</td><td>0.2668</td><td>0.2351</td><td>1.1349</td><td colspan="2">0.2563</td></tr>
<tr><td>B（2，1）</td><td>0.5916</td><td>0.3149</td><td>1.8784</td><td colspan="2">0.0603</td></tr>
<tr><td>B（2，2）</td><td>0.5278</td><td>0.4069</td><td>1.2973</td><td colspan="2">0.1945</td></tr>
<tr><td colspan="2">原假设</td><td colspan="2">Wald 值</td><td colspan="2">P 值</td></tr>
<tr><td colspan="2">H_0：$a_{12}=b_{12}=0$</td><td colspan="2">2.1176</td><td colspan="2">0.1203</td></tr>
<tr><td colspan="2">H_0：$a_{21}=b_{21}=0$</td><td colspan="2">2.5781</td><td colspan="2">0.0759</td></tr>
<tr><td colspan="2">H_0：$a_{12}=b_{12}=0$，$a_{21}=b_{21}=0$</td><td colspan="2">3.1873</td><td colspan="2">0.0125</td></tr>
</table>

从表 5-10 的结果可知，国产铁矿石市场（R_{cip}）与国内钢材市场（R_{csp}）之间存在双向波动溢出效应。具体来看，参数 A_{12} 和 B_{12} 均在 1%的显著性水平下异于 0，说明国产铁矿石市场对国内钢材市场存在 ARCH 型和 GARCH 型波动溢出效应，即国产铁矿石市场的过去冲击对国内钢材市场的当期波动影响显著，同时国产铁矿石市场的过去条件方差对国内钢材市场的当期波动影响也显著；参数 B_{21} 在 1%的显著性水平上异于 0，说明存在国内钢材市场对国产铁矿石市场的 GARCH 型波动溢出效应，即国内钢材市场的过去条件方差对国产铁矿石市场的当期波动影响显著。

根据 Wald 检验，对于国产铁矿石市场与国内钢铁市场之间的波动溢出效应，在 $a_{12}=b_{12}=0$，$a_{21}=b_{21}=0$ 和 $a_{12}=b_{12}=0$、$a_{21}=b_{21}=0$ 三个原假设条件下，Wald 检验均能在 1%的水平下拒绝原假设，这进一步验证了国产铁矿石市场与国内钢铁市场之间存在双向波动溢出效应。

表 5-10　R_{cip} 和 R_{csp} 的 VAR-BEKK-GARCH 模型估计结果

参数	估计值	标准误	T 值	P 值
条件均值方程				
R_{cip}_1	0.2773	0.1099	2.5232	0.0116
R_{cip}_2	-0.0248	0.1052	-0.2360	0.8134
R_{csp}_1	0.3299	0.1565	1.1083	0.2722
R_{csp}_2	-0.2274	0.1710	-1.3299	0.1835
Constant	0.0012	0.0049	0.2475	0.8045
R_{cip}_1	-0.0102	0.0666	-0.1540	0.8775
R_{cip}_2	0.0418	0.0640	0.6532	0.5136
R_{csp}_1	0.4968	0.1088	4.5635	0.0000
R_{csp}_2	-0.2878	0.1106	-2.6005	0.0093
Constant	-0.0033	0.0023	-1.410	0.1585
条件方差-协方差方程				
C（1，1）	0.0478	0.0087	5.4678	0.0000
C（2，1）	0.0103	0.0048	2.1492	0.0316
C（2，2）	-0.0000	0.0032	-0.0001	0.9998
A（1，1）	-0.4473	0.2359	-1.8958	0.0579
A（1，2）	-0.3167	0.0668	-4.740	0.0000
A（2，1）	0.1753	0.2427	0.7223	0.4700
A（2，2）	0.5015	0.0892	5.6201	0.0000
B（1，1）	-0.7449	0.2341	-3.1813	0.0014
B（1，2）	-0.3959	0.0553	-7.1553	0.0000
B（2，1）	1.4111	0.3771	3.7413	0.0001
B（2，2）	1.2577	0.0665	18.9008	0.0000

原假设	Wald 值	P 值
H_0：$a_{12}=b_{12}=0$	39.1635	0.0000
H_0：$a_{21}=b_{21}=0$	8.4108	0.0002
H_0：$a_{12}=b_{12}=0$，$a_{21}=b_{21}=0$	34.7963	0.0000

综上，在铁矿石价格波动溢出效应中，存在进口铁矿石市场与国产铁矿石市场之间的双向波动溢出效应，虽然进口铁矿石和国产铁矿石在均值溢出效应方面仅存在从进口铁矿石市场到国产铁矿石市场的单向均值溢出效应，但铁矿石为被广泛交易的标准化产品，其市场必然是紧密联系的，所以存在双向波动溢出效应。存在国内钢材市场对进口铁矿石市场的单向波动溢出效应和国内钢材市场与国产铁矿石市场的双向波动溢出效应，进一步说明国内钢材市场比较刚性，难受进口铁矿石影响，而国内铁矿石市场和国内钢材市场不存在收益影响，只存在波动影响。

五、铁矿石价格波动对矿业发展的影响

2021 年中央经济工作会议明确指出，要保障好初级产品供给，初级产品的供给能力决定着我国经济发展的成色、韧性和抗冲击能力。基于此大背景，本书进一步研究铁矿石价格波动对矿业发展的影响以探究铁矿石价格波动对铁矿石供给安全产生的风险。

中国铁矿石勘探投入和铁矿石开采行业受铁矿石价格波动影响严重。自 2011 年以来，进口铁矿石价格持续下降，对我国铁矿石产业形成巨大冲击，导致铁矿石勘探投入亦持续走低，已从每年近 50 亿元勘探投入跌至每年 2 亿元左右（见图 5-4）。即使 2016 年进口铁矿石价格有所回升，而且我国铁矿石对外依存度已达 75%以上，我国铁矿石勘探投入仍在低位徘徊。我国铁矿石资源品位低、开采成本高，一旦进口铁矿石价格下降，下游企业出于经济性考虑，就迅速进口铁矿石以替代国产铁矿石。在铁矿石进口量方面，近 10 年，无论进口铁矿石价格呈下降还是上升态势，铁矿石进口量都快速上升（见图 5-5）。与之相对应的是，2014 年至 2018 年，中国铁矿石开采行业市场规模从 15.14 亿吨降至 7.63 亿吨。究其原因，很大程度上是全球铁矿石供给过剩，进口铁矿石价格下降，加之国内铁矿石行业在高成本下利润压缩，本土各大铁矿石山企业减产。近几年，中国铁矿石开采智能化水平虽逐步提高，但仍处于起步阶段，高采矿成本与铁矿石

价格波动所带来的开采企业利润不稳定，直接导致我国铁矿石山智能化采矿投入少、应用程度低。因此，进口铁矿石价格波动是本土采矿行业痛点之一，降低了本土铁矿石山企业竞争能力，致使进口铁矿石价格上涨时，我国只能被动承受损失。

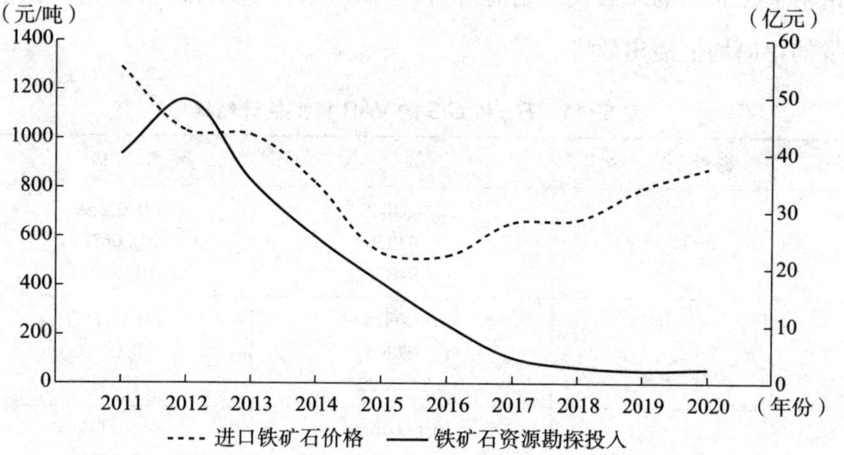

图 5-4 2011—2020 年进口铁矿石价格和铁矿石资源勘探投入

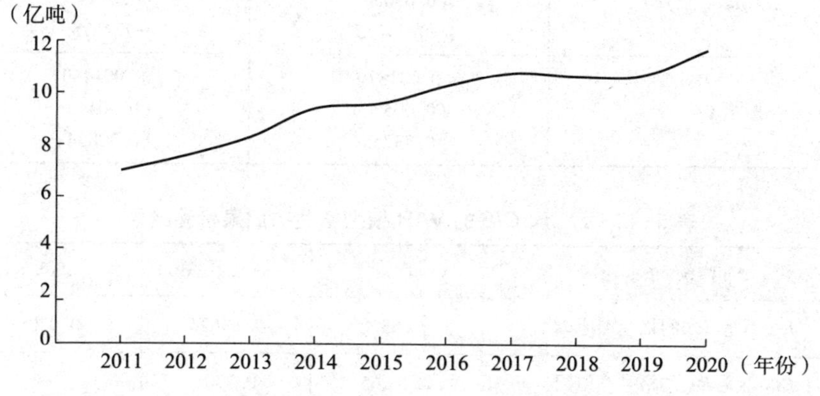

图 5-5 2011—2020 年铁矿石进口量

本书进一步研究铁矿石价格波动对铁矿石产量的传导，借鉴前文所采用的研究方法，分别构建国产铁矿石价格和国产铁矿石产量、进口铁矿石价格和国产铁矿石产量的双变量 VAR 模型。模型所需变量的收益率序列已通过稳定性检验（*CIS* 代表国内铁矿石产量，稳定性检验已在上文完成），相关建模流程不再赘述。

从表 5-11、表 5-12 的结果可知，国产铁矿石价格拒绝了不是国产铁矿石产量格兰杰原因的原假设，而国产铁矿石产量接受了不是国产铁矿石价格格兰杰原因的原假设。由此可得，存在国产铁矿石价格到国产铁矿石产量的单向均值溢出效应。

表 5-11　R_{cip}和 *CIS* 的 VAR 模型估计结果

参数	R_{cip}	CIS
R_{cip}（-1）	0. 465045 (0. 07828) [5. 94073]	0. 076582 (0. 06281) [1. 21925]
R_{cip}（-2）	-0. 208284 (0. 07895) [-2. 63830]	0. 085831 (0. 06335) [1. 35498]
CIS（-1）	0. 060766 (0. 09731) [0. 62444]	-0. 211264 (0. 07808) [-2. 70568]
CIS（-2）	-0. 023919 (0. 09654) [-0. 24775]	-0. 111363 (0. 07747) [-1. 43759]
C	0. 001870 (0. 00554) [0. 33755]	0. 001460 (0. 00445) [0. 32834]

表 5-12　R_{cip}和 *CIS* 的 VAR 模型格兰杰因果检验结果

Null Hypothesis：	Obs	F-Statistic	Prob.
R_{cip}不是 *CIS* 的格兰杰原因	165	2. 69626	0. 0705
CIS 不是 R_{cip}的格兰杰原因	0. 26165	0. 7701	—

从表 5-13、表 5-14 的结果可知，进口铁矿石价格接受了不是国产铁矿石产量格兰杰原因的原假设，而国产铁矿石产量同样接受了不是进口铁矿石价格格兰杰原因的原假设。由此可得，进口铁矿石价格和国产铁矿石

产量之间不存在均值溢出效应。

根据结果可知，国产铁矿石价格存在对国产铁矿石产量的正向影响，进口铁矿石价格和国产铁矿石产量不为格兰杰因果关系，而本书研究已经表明国产铁矿石价格和进口铁矿石价格之间存在进口铁矿石价格对国产铁矿石价格的单向均值溢出效应。综上，存在着一个清晰的从进口铁矿石价格到国产铁矿石价格，再到国产铁矿石产量的传导链条。

表 5-13　R_{iip}和 CIS 的 VAR 模型估计结果

参数	CIS	R_{iip}
CIS（-1）	-0.211415 (0.07820) [-2.70352]	0.034209 (0.09258) [0.36950]
CIS（-2）	-0.114365 (0.07785) [-1.46908]	-0.023864 (0.09217) [-0.25892]
R_{iip}（-1）	0.081888 (0.06661) [1.22937]	0.405314 (0.07886) [5.13959]
R_{iip}（-2）	0.080292 (0.06706) [1.19735]	-0.155789 (0.07939) [-1.96229]
C	0.001435 (0.00446) [0.32177]	0.002048 (0.00528) [0.38791]

表 5-14　R_{iip}和 CIS 的 VAR 模型格兰杰因果关系检验结果

Null Hypothesis：	Obs	F-Statistic	Prob.
R_{iip}不是 CIS 的格兰杰原因	165	2.24903	0.1088
CIS 不是 R_{iip}的格兰杰原因	0.12344	0.8840	

第四节 本章小结

本章基于2007年1月至2020年12月的国产铁矿石价格、进口铁矿石价格、国内钢材价格数据，采用VAR-BEKK-GARCH模型，分别从水平方向（国际市场对国内市场的溢出效应）和垂直方向（产业链上下游溢出效应）两个方向探讨了铁矿石价格波动的溢出效应。在铁矿石价格波动空间溢出效应方面，存在进口铁矿石市场对国产铁矿石市场的单向均值溢出效应，同时进口铁矿石市场和国产铁矿石市场存在双向波动溢出效应。在产业链视角下铁矿石价格波动溢出效应方面，存在国内钢材市场对进口铁矿石市场的单向均值溢出效应，而国内钢材市场和国产铁矿石市场之间不存在均值溢出效应；存在国内钢材市场对进口铁矿石市场的单向波动溢出效应，以及国内钢材市场和国产铁矿石市场的双向波动溢出效应。

第六章

铁矿石价格波动对钢铁产业的影响研究

钢铁是各种机械装备、建筑和制造业等各部门的基本材料，在国民经济中有着巨大的影响作用，目前暂无其他材料可以有效替代。钢铁工业是对国计民生有着重要影响的基础原材料产业，是国之基石，在我国迈向社会主义现代化强国的进程中发挥着不可替代的作用。本书第四、第五章研究了铁矿石价格波动的影响因素和铁矿石价格波动溢出效应，本章在前文的基础上进一步研究国内、国际铁矿石价格波动对国内钢铁行业的影响机制。铁矿石价格波动对钢铁行业产量产生影响的逻辑在于，铁矿石是用于制造生铁的原料，生铁是炼钢的主要原料之一，98%的开采铁矿石被用于炼钢，而含有大量赤铁矿或磁铁矿（铁含量超过60%）的矿石被称为“天然矿石”或“直接运输矿石”，可以直接被送入炼铁高炉。毋庸置疑，钢铁行业的发展主要依赖铁矿石资源。因此，研究铁矿石价格波动对钢铁产业的影响有利于制定合理的产业政策，从而保障国民经济健康、稳定发展。

本章在收集整理国内钢铁行业上市企业数据的基础上，采用国内钢铁行业上市企业月度粗钢产量和国内、国际铁矿石月度价格指数构建面板数据，分别研究铁矿石价格上行和铁矿石价格下行阶段国内、国际铁矿石价格波动对钢铁产量的非对称影响，最后采用动态面板模型研究国内、国际铁矿石价格波动对钢铁产量的动态影响。本章研究的创新点在于：首先，现有文献中研究铁矿石价格波动对钢铁行业影响的文献还比较少，大多数集中在研究矿产品价格波动在不同市场间的溢出效应，而研究铁矿石价格波动对钢铁产量的影响及机制分析的文献还比较少见。本书认为在国际钢铁需求不断上升的大背景下，国内钢铁企业会保持增产的趋势。但国内钢铁企业面临原材料铁矿石大量依赖进口、国际贸易形势不确定以及国际铁矿石价格剧烈波动等情况，铁矿石价格上涨或下降是否会导致国内钢铁企业产量下降或上涨还难以确定。其次，国际铁矿石价格的剧烈波动对国内钢铁企业生产行为会造成多少影响？对不同规模的钢铁企业是否具有不同的影响？这些问题都亟须进一步研究分析。因此，本书将铁矿石价格波动内化为钢铁企业的生产成本，从企业利润最大化角度分析铁矿石价格波动对钢铁产业的影响。最后，在以往文献中可以发现不同市场中的波动溢出效应存在非对称性，即坏消息比好消息产生的溢出效应更明显。本章参考前人的研究成果，将铁矿石价格分为上行期和下行期，分别研究铁矿石价格上涨信号和下降信号对钢铁行业的非对称影响。在全球钢铁需求稳定增长的大背景下，研究铁矿石价格波动对钢铁企业产量的影响机制，对我国钢铁行业的健康发展和增强铁矿石定价国际话语权具有重要意义。

第一节　理论模型与研究假设

铁矿石是钢铁企业生产钢铁的主要原材料，在我国被开采的铁矿石用来炼钢的比例达到98%左右，可以说铁矿石的供给对我国钢铁企业具有重要影响。铁矿石市场作为钢铁市场的上游市场，其变化会传递到下游的钢铁产业。我国钢铁市场的原材料主要依赖国际铁矿石进口和国内开采的铁矿石，国际铁矿石市场的价格波动和国内铁矿石价格波动，通过价格信息传递到国内钢铁市场。因此，本书将铁矿石价格波动内生为国内钢铁企业的生产成本。根据生产函数有：

$$Q=f(L,\ K) \tag{6-1}$$

$$C=F(Q)=F[f(L,\ K)] \tag{6-2}$$

式中，Q 表示国内钢铁企业粗钢产量；L 表示钢铁企业投入的劳动力要素，其中包括劳动力投入、支付员工的薪酬和管理费用；K 表示企业资本投入，其中包括企业固定资本投入和流动性资本投入；C 表示国内钢铁企业生产成本。由于铁矿石采掘业和钢铁行业具有资本密集、企业进入困难等特点，国内大多数钢铁企业均为国有或国有控股企业，铁矿石采掘市场和钢铁市场均属于非完全竞争的垄断市场。在短期内，国内钢铁市场代表性企业的均衡状态如图 6-1 所示。

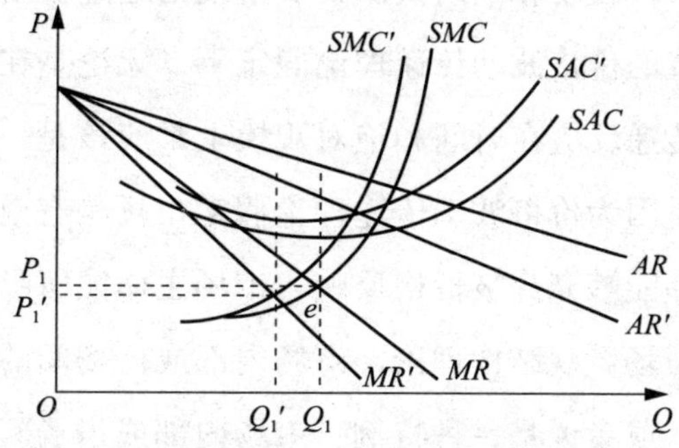

图 6-1　国内钢铁市场代表性企业短期均衡

图 6-1 中展示了国内钢铁市场代表性企业的短期均衡状态。横坐标 Q 表示钢铁企业的产量，纵坐标 P 表示钢铁企业产品价格，AR、MR 分别表示钢铁企业的平均利润、边际利润，SAC、SMC 分别表示钢铁企业的短期平均成本和短期边际成本。钢铁企业在 e 点，即 MR 和 SMC 曲线的交点，处于利润最大化的均衡状态，此时企业的产量为 Q_1、产品价格为 P_1。当铁矿石价格波动时，钢铁企业的成本会随之发生变化。当铁矿石价格上涨时，钢铁企业的原材料价格上涨，企业成本上升，企业的平均利润曲线、边际利润曲线相应变动为 AR' 曲线和 MR' 曲线，企业的短期平均成本曲线和短期边际成本曲线相应变动为 SAC' 曲线和 SMC' 曲线。此时，钢铁企业利润最大化均衡点的产量为 Q_1'、产品价格为 P_1'。显然，铁矿石价格上涨后，钢铁企业均衡状态下的产量 $Q_1'<Q_1$，即铁矿石价格上涨会引起国内钢铁企业粗钢产量下降。同理，铁矿石价格下降会引起国内钢铁企业粗钢产量上升。基于此，提出本章的前两个假设——

假设 1：国际铁矿石价格波动会对国内钢铁企业产生显著负向影响，

即国际铁矿石价格上涨会引起国内钢铁企业粗钢产量减少，国际铁矿石价格下降会引起国内钢铁企业粗钢产量增加。

假设 2：国内铁矿石价格波动也会对国内钢铁企业产生显著负向影响，即国内铁矿石价格上涨会引起国内钢铁企业粗钢产量减少，国内铁矿石价格下降会引起国内钢铁企业粗钢产量增加。

国际铁矿石价格波动和国内铁矿石价格波动通过价格信息传递到国内钢铁市场，在传统的价格波动传递理论假定下，无论是在市场内还是市场外，价格波动的传递反应在时间和绝对规模上都应该是一一对应的，或者说是对称的。这是因为价格波动传递理论假定市场是有效的，市场内部或市场间的信息传递能够充分被价格反映，市场主体能够吸收市场信息的变化。但根据金融市场微观结构理论，市场内部或市场间的对称价格传递现象是极为少见的，或者说是一种特例。市场内部或市场间的价格传递形式大多数表现为非对称形式。非对称价格传递是一种基于不完全有效市场、信息不对称市场的假设来分析市场价格波动传递的方法。

大量研究表明，市场间价格传递存在非对称传递模式。Koutmos（1995）、Booth 等（1997）、Laopodis（1998）的研究表明金融市场间存在非对称的波动溢出效应。虽然在大宗金属商品市场的研究中，对价格波动传递模式的研究还比较少见，但大宗金属市场也存在明显的信息不对称，其也绝非完全有效的市场。以铁矿石为例，2009 年国际铁矿石定价机制从协议定价机制变为指数定价机制，铁矿石交易价格存在明显的信息不对称，铁矿石交易市场中的生产者和消费者存在明显的信息不对称。另外，国际铁矿石价格虽然改为指数定价机制，但国际铁矿石市场的价格并不是供求均衡下的价格，国际铁矿石定价话语权仍然掌握在少数寡头手中。基于以上理论假设，提出本章的第三和第四个假设——

假设 3：国际铁矿石价格波动对国内钢铁企业存在非对称价格传递模式，即国际铁矿石价格上涨和下降对国内钢铁企业产量的影响存在非对称现象。

假设 4：国内铁矿石价格波动对国内钢铁企业存在非对称价格传递模式，

即国内铁矿石价格上涨和下降对国内钢铁企业产量的影响存在非对称现象。

第二节　数据来源、变量选取和实证方法

一、数据来源和数据处理

本章使用的数据分为两个部分：第一部分为铁矿石国内、国际价格指数，数据来源于 WIND 数据库；第二部分为国内大中型钢铁企业月度粗钢产量、钢铁行业上市企业数据，数据来源于国泰安数据库。

数据处理分为以下几个步骤：第一步，筛选国内大中型钢铁企业，仅保留上市企业数据。第二步，对钢铁企业进行更名处理，并按钢铁企业名称手动匹配各钢铁行业上市企业的特征数据，如 2009 年，南昌长力钢铁股份有限公司更名方大特钢科技股份有限公司。第三步，剔除数据缺失严重的钢铁企业，并删除破产钢铁企业数据，如八钢集团数据缺失严重；2018 年 8 月，渤海钢铁集团破产。第四步，剔除港股上市企业，如河北津西钢铁集团，股票代码为 00581. HK。第五步，整理钢铁企业资产重组和收购情况，分情况处理钢铁企业数据。一是大型钢铁企业重组或控股中型企业，仅保留大型钢铁企业数据，并按大型钢铁企业集团口径统计钢铁产量。如 2004 年中信泰富投资有限公司收购大冶特钢；2004 年 11 月，鄂城钢铁集团与武钢集团重组；贵阳特殊钢有限责任公司被首钢集团收购，仅保留中信泰富特钢集团、武钢集团、首钢集团的统计数据。二是钢铁企业之间重组但各自独立运营的企业保留原企业的统计口径。如 2016 年 12 月，武钢集团与宝钢集团重组成立中国宝武钢铁集团，武钢集团与宝钢集团各自拥有股票代码和统计口径，因此保留武钢集团与宝钢集团的统计数据，剔除集团统计口径数据。第六步，保留时间跨度为 2010 年 1 月至 2019 年 5 月的统计数据。原因是——首先，2009 年国际铁矿石定价机制从协议定价

机制变为指数定价机制；其次，目前钢铁产量月度数据仅统计到2019年5月。

经过数据处理后保留33家钢铁行业上市企业数据，其具体信息见表6-1。

表6-1 钢铁行业上市企业名录

序号	企业名称	股票名称	归属地	首次上市时间
1	安阳钢铁集团公司	安阳钢铁	安阳市	2001-08-20
2	鞍钢集团公司	鞍钢股份	鞍山市	1997-07-24
3	包头钢铁（集团）有限责任公司	包钢股份	包头市	2001-03-09
4	本钢集团有限公司	本钢板材	本溪市	1997-07-08
5	承德钢铁集团有限公司	承德钒钛	承德市	2002-09-06
6	江西方大特钢科技股份有限公司	长力股份	南昌市	2003-09-30
7	方大钢铁集团有限公司	方大集团	深圳市	1995-11-29
8	福建三钢（集团）有限责任公司	三钢闽光	三明市	2007-01-26
9	抚顺新钢铁有限责任公司	抚顺特钢	抚顺市	2000-12-29
10	广西柳州钢铁集团有限公司	柳钢股份	柳州市	2007-02-27
11	邯郸钢铁集团有限责任公司	邯郸钢铁	邯郸市	1998-01-22
12	杭州钢铁集团公司	杭钢股份	杭州市	1998-03-11
13	河北钢铁集团有限公司	河北钢铁	石家庄市	1997-04-16
14	湖南华菱钢铁集团有限责任公司	华菱钢铁	长沙市	1999-08-03
15	山东钢铁集团有限公司	山东钢铁	济南市	2004-06-29
16	江苏沙钢集团	沙钢股份	张家港市	2006-10-25
17	山西新泰钢铁有限公司	安泰集团	晋中市	2003-02-12
18	酒泉钢铁（集团）有限责任公司	酒钢宏兴	嘉峪关市	2000-12-20
19	莱芜钢铁集团有限公司	莱钢股份	莱芜市	1997-08-28
20	凌源钢铁集团有限责任公司	凌钢股份	朝阳市	2000-05-11
21	马钢（集团）控股有限公司	马钢股份	马鞍山市	1993-11-03
22	南京钢铁集团有限公司	南钢股份	南京市	2000-09-19
23	攀钢集团有限公司	攀钢钢钒	攀枝花市	1996-11-15
24	首钢集团	首钢股份	北京市	1999-12-16

续表

序号	企业名称	股票名称	归属地	首次上市时间
25	太原钢铁（集团）有限公司	太钢不锈	太原市	1998-10-21
26	五矿营口中板有限责任公司	五矿发展	北京市	1997-05-28
27	武汉钢铁有限公司	武钢股份	武汉市	1999-08-03
28	西宁特殊钢股份有限公司	西宁特钢	西宁市	1997-10-15
29	新兴铸管股份有限公司	新兴铸管	邯郸市	1997-06-06
30	新余钢铁有限责任公司	新钢股份	新余市	1996-12-25
31	中信泰富特钢集团有限公司	中信特钢	黄石市	1997-03-26
32	重庆钢铁股份有限公司	重庆钢铁	重庆市	1997-10-17
33	宝钢集团有限公司	宝钢股份	上海市	2000-12-12

二、变量选取与描述性统计分析

1. 被解释变量

粗钢产量（*product*）。采用钢铁行业上市企业月度粗钢产量度量，单位为万吨。

2. 解释变量

国内铁矿石价格（*CNprice*）。采用国产铁矿石价格指数度量，以全国主要产区的铁精矿市场成交价格采用加权方式计算而得，为含税价格。

国际铁矿石价格（*Gprice*）。采用进口铁矿石价格指数度量，以中钢协会员单位报送的干基粉矿到岸价格和国内港口进口铁矿石市场成交价格采用加权方式计算而得。

3. 控制变量

本章实证部分选取的控制变量参考吴超鹏和唐菂（2016）、顾夏铭等（2018）、齐绍洲等（2018）的研究。控制变量主要分为以下几类：

第一类是钢铁行业上市企业投入指标，用来控制企业投入差异对钢铁产量的影响。劳动投入（*labor*），采用钢铁行业上市企业支付员工工资加上企业管理费用度量。资本投入（*capital*），采用钢铁行业上市企业各资产项目总计×10%度量。固定资产投入（*fixedasset*），采用钢铁行业上市企业固定资产净额度量。

第二类是钢铁行业上市企业的运营情况，用来控制运营差异对钢铁产量的影响。市场份额（*marketshare*），采用钢铁行业上市企业月度钢铁产量除以全国月度钢铁总产量度量。负债规模（*debt*），采用钢铁行业上市企业总负债规模度量。资本保值率（*cprate*），采用钢铁行业上市企业资本保值率度量。可持续增长率（*sgrate*），采用钢铁行业上市企业资本可持续增长率度量。市场价值（*tobinQ*），采用钢铁行业上市企业托宾 Q 值度量。

4. 变量描述性统计分析

本章所采用的各变量描述性统计结果见表 6-2。从表 6-2 可知，钢铁上市企业月度粗钢产量最大值为 698. 96 万吨，产量最小值为 1. 69 万吨，标准差为 110. 12，说明钢铁企业粗钢产量存在巨大差异，这也符合我国钢铁行业大规模重组并购的现状。大型钢铁企业做大做强，进一步扩大国内钢铁市场份额，维持和巩固国际钢铁市场话语权。小型钢铁企业逐步减少粗钢产量，转为生产特种钢铁材料以满足我国市场需求。国内铁矿石价格最小值为 360. 80 元/吨，价格最大值为 1390. 30 元/吨，价格的标准差为 299. 69；国际铁矿石价格最小值为 40. 88 美元/吨，价格最大值为 187. 18 美元/吨，价格的标准差为 41. 14。这说明国内铁矿石价格和国际铁矿石价格自 2010 年以来一直保持增长趋势，其中国内铁矿石价格波动程度比国际铁矿石价格波动强烈。市场份额最大值为 0. 12，最小值为 0. 00，标准差为 0. 02，这可能是因为，首先，本章的数据仅收集了钢铁行业上市企业的数据，还存在钢铁产量较大的企业因未上市而没有被统计。其次，类似中国宝武钢铁集团的大型钢铁企业因数据缺失严重而没有被统计。因此，整体来看钢铁行业上市企业粗钢产量的市场份额较低，钢铁上市企业应进一步加快企业重组和并购，淘汰落后产能，保障国内钢铁市场供给安全。

表 6-2 变量描述性统计结果

变量名称	N	Mean	标准差	最小值	最大值
product	3322	121.61	110.12	1.69	698.96
CNprice	3322	788.04	299.69	360.80	1390.30
Gprice	3322	103.33	41.14	40.88	187.18
ln*labor*	3059	20.20	1.08	17.23	23.21
ln*capital*	3059	21.85	1.06	18.14	24.33
ln*fixedasset*	3059	23.24	1.26	13.59	25.8
marketshare	3322	0.02	0.02	0.00	0.12
ln*debt*	3059	23.7	1.11	20.75	26.04
cprate	2958	1.03	0.31	-5.34	4.43
sgrate	2988	0.04	0.54	-6.34	10.10
tobinQ	2829	1.15	0.43	0.73	7.78

三、变量相关性分析

为了初步检验本章所选取的核心解释变量和控制变量的合理性，首先对所有变量进行22相关分析，变量相关性分析见表6-3。表6-3第一列展示了解释变量、控制变量与被解释变量粗钢产量的相关性。从相关性分析结果来看，解释变量国内铁矿石价格与粗钢产量在5%水平下显著负相关，估计系数为-0.036，说明国内铁矿石价格上涨会导致粗钢产量减少，而当国内铁矿石价格下降时粗钢产量会随之增加。国际铁矿石价格与粗钢产量在5%水平下显著负相关，估计系数为-0.038，说明国际铁矿石进口价格的上涨和下降也会引起粗钢产量的减少和增加。另外，从相关性系数初步判断，国际铁矿石价格波动比国内铁矿石价格波动对粗钢产量的影响稍微强烈。最终结论还需要控制其他相关影响因素对粗钢产量的影响，进一步进行实证分析。控制变量中劳动投入、资本投入、固定资产投入、市场份额、负债规模、市场价值与粗钢产量均在1%水平下显著正相关，资本保值率、可持续增长率对钢铁企业粗钢产量的影响不显著。相关性分析结果表明本章所选取的解释变量、控制变量具有合理性，解释变量、控制变量对被解释变量粗钢产量的影响仍需要进行进一步严谨的实证分析和内生性分析，以保证回归结果的准确性。

表 6-3 变量相关性分析结果

Variables	*product*	*CNprice*	*Gprice*	ln*labor*	ln*capital*	ln*fixedasset*	*marketshare*	ln*debt*	*cprate*	*sgrate*	*tobinQ*
product	1. 000										
CNprice	-0. 036**	1. 000									
Gprice	-0. 038**	0. 990***	1. 000								
ln*labor*	0. 434***	-0. 005	-0. 014	1. 000							
ln*capital*	0. 508***	-0. 074***	-0. 073***	0. 793***	1. 000						
ln*fixedasset*	0. 495***	-0. 065***	-0. 064***	0. 760***	0. 945***	1. 000					
marketshare	0. 983***	0. 131***	0. 128***	0. 431***	0. 485***	0. 476***	1. 000				
ln*debt*	0. 434***	-0. 064***	-0. 063***	0. 759***	0. 976***	0. 922***	0. 418***	1. 000			
cprate	0. 014	-0. 024	-0. 025	-0. 004	0. 008	0. 012	0. 003	-0. 034*	1. 000		
sgrate	-0. 025	-0. 032*	-0. 031*	0. 034*	0. 012	0. 037**	-0. 034*	0. 007	0. 756***	1. 000	
tobinQ	-0. 086***	-0. 053***	-0. 063***	-0. 269***	-0. 342***	-0. 348***	-0. 090***	-0. 359***	0. 038**	0. 048**	1. 000

注：***、**、*分别表示在 1%、5%、10%水平下显著。

四、实证方法介绍

1. 长面板广义最小二乘法估计（FGLS）

长面板数据主要是指时间 T 远远大于个体 n 的数据结构。相对于短面板数据模型，长面板数据模型由于 T 较大而拥有更多信息，一般放宽随机扰动项独立同分布的假设，而更加关注随机扰动项的自相关问题，从而提高估计效率。长面板数据一般采用 FGLS 估计，根据随机扰动项的设置一般分为“仅处理组内自相关问题的估计”和“同时处理组内自相关和组间截面自相关问题的估计”。

仅处理组内自相关问题的 FGLS 估计一般考虑如下模型：

$$y_{it}=\beta x'_{it}+\varepsilon_{it} \tag{6-3}$$

式中，y_{it}表示被解释变量；x'_{it}表示所有解释变量，不仅包括核心解释变量还包括控制变量、个体效应、时间趋势等；ε_{it}为随机扰动项，并服从 AR（1）过程。随机扰动项可以表示为

$$\varepsilon_{it}=\rho_i\varepsilon_{i,t-1}+z_{it} \tag{6-4}$$

式中，ρ_i 为自回归系数，并且$|\rho_i|<1$，z_{it}独立同分布且均值为 0。其中，组内自相关系数符合 $\rho_1=\rho_2=\cdots=\rho_i$ 条件，则随机扰动项服从 AR（1）过程，采用广义差分变换后就可以得到 FGLS 估计量。

2. 工具变量法

实证研究中最常见的问题之一就是“内生性”问题，内生性问题是指解释变量与随机扰动项相关，从而导致估计结果偏误。解决内生性问题的主要办法就是采用工具变量法，从而缓解解释变量的内生性。

工具变量的思想是将内生性解释变量 x_i 分解为两部分：一部分为内生性部分，即与随机扰动项 ε_i 相关；另一部分为外生性部分，即与随机扰动项 ε_i 不相关。然后，构建或寻找一个工具变量 z_i，工具变量需要同时满足以下两个条件：

$$\mathrm{Cov}(x_i, z_i) \neq 0 \tag{6-5}$$

$$\mathrm{Cov}(z_i, \varepsilon_i) = 0 \tag{6-6}$$

将满足条件的工具变量对内生解释变量 x_i 进行回归：

$$\widehat{x_i} = \widehat{\gamma} + \widehat{\delta} z_i \tag{6-7}$$

回归后提取内生解释变量 x_i 对应的残差$\widehat{u_i}$：

$$\widehat{u_i} = x_i - \widehat{x_i} \tag{6-8}$$

从而将内生解释变量分为两个部分：

$$x_i = \widehat{u_i} + \widehat{x_i} \tag{6-9}$$

式中，$\widehat{x_i}$为外生工具变量的线性函数；$\widehat{u_i}$为内生解释变量的内生部分。将$\widehat{x_i}$替换估计模型中的内生解释变量 x_i，则可以直接使用最小二乘法得到无偏的估计结果。

3. 动态面板系统 GMM 估计

动态面板模型可以对观测个体的动态过程进行建模。由于本章研究的钢铁行业属于资本密集型行业，其粗钢生产可能存在惯性，钢铁企业当期粗钢产量可能会受到前一期粗钢产量的影响。动态面板模型就是在模型的解释变量中加入被解释的滞后一期，用来观测个体的动态过程。假设存在以下动态面板模型：

$$y_{it} = \alpha + \beta y_{i,t-1} + \mu_i + \varepsilon_{it} \tag{6-10}$$

式中，$y_{i,t-1}$表示被解释变量的滞后一期；μ_i 表示个体效应；ε_{it}表示随机扰动项。将式（6-10）进行差分变换可知，差分后的随机扰动项与被解释变量的滞后一期存在相关性，此时采用传统固定效应模型分析会产生“动态偏差”，即固定效应估计量有偏，因此需要采用 GMM 估计克服动态偏差。动态 GMM 估计的一般化模型设定为

$$y_{it} = \alpha + \beta y_{i,t-1} + \delta x'_{it} + \gamma z'_i + \mu_i + \varepsilon_{it} \tag{6-11}$$

式中，x'_{it}表示随时间变化的解释变量；z'_i 表示不随时间变化的解释变量。此时，采用差分 GMM 估计会导致不随时间变化的 z'_i 被差分掉，从而无法

估计系数，且在 T 很大的样本中会出现较多工具变量从而产生弱工具变量的情况。而采用水平 GMM 估计是将 $\{\triangle y_{i,t-1}, \triangle y_{i,t-2}, \cdots, \triangle y_{i,t-p}\}$ 作为 $y_{i,t-1}$ 的工具变量进行估计，此时依赖随机扰动项 ε_{it} 不存在自相关的假设。Blundell 和 Bond（1998）将差分 GMM 和水平 GMM 相结合提出系统 GMM 估计，其形式是将差分方程和水平方程作为一个系统方程进行估计。系统 GMM 的好处在于能够估计不随时间变化 z'_i 的估计系数，此外仅需要保证 $\{\triangle y_{i,t-1}, \triangle y_{i,t-2,}, \cdots\}$ 与 μ_i 不相关即可进行估计。系统 GMM 估计的一般形式为

$$y_{it}=\alpha+\beta_1 y_{i,1}+\beta_2 y_{i,2}+\cdots+\beta_p y_{i,p}+\delta x'_{it}+\gamma z'_i+\mu_i+\varepsilon_{it} \tag{6-12}$$

系统 GMM 估计的解释变量中可以包含被解释变量的多阶滞后项，采用系统 GMM 估计的优点在于可以有效提高估计效率。

第三节　铁矿石价格波动对钢铁产业的静态影响分析

一、静态影响的实证模型设定

基于本章铁矿石价格波动对钢铁产业静态影响的实证分析，考虑到数据结构属于长面板数据，设定以下模型：

$$y_{it}=x'_{it}+\varepsilon_{it} \tag{6-13}$$

式中，y_{it} 表示被解释变量；x'_{it} 表示解释变量，其中可以包括常数项、控制变量、个体虚拟变量和时间虚拟变量；ε_{it} 为随机扰动项。由于本章所用数据时间跨度为 2010 年 1 月至 2019 年 5 月，共计 113 个月，设置时间虚拟变量会损失较多自由度，因此改为设置时间趋势项。根据本章的实证内容，进一步将实证模型设定为

$$Product_{it}=\alpha_0+\beta_{it}CNprice_{it}+\lambda_{it}Control_{it}+\mu_i+m_t+\varepsilon_{it} \tag{6-14}$$

$$Product_{it}=\alpha_0+\delta_{it}Gprice_{it}+\gamma_{it}Control_{it}+\mu_i+m_t+\varepsilon_{it} \tag{6-15}$$

式（6-14）表示国内铁矿石价格波动对粗钢产量的影响，式（6-15）表示国际铁矿石价格波动对粗钢产量的影响。其中，$Product_{it}$表示粗钢产量；α_0 表示常数项；$CNprice_{it}$表示国内铁矿石价格；$Gprice_{it}$表示国际铁矿石价格；$Control_{it}$表示控制变量；μ_i 表示个体效应；m_t 表示时间趋势项；ε_{it}表示随机扰动项。

二、面板单位根和协整检验

1. 单位根检验

由于本章涉及的被解释变量粗钢产量，解释变量国内铁矿石价格、国际铁矿石价格均属于具有明显趋势的经济数据，数据若存在非平稳的情况而出现共同变化的趋势，即使回归结果 R^2 较大，被解释变量和解释变量之间也不一定具有直接的相关性，从而会出现伪回归的实证结果。因此，在进行实证分析之前需要对其进行单位根和协整检验。

目前，面板数据单位根检验的主要方法有 LLC 检验、IPS 检验、ADF-Fisher 检验和 PP-Fisher 检验等。由于 LLC 检验必须保证面板数据属于严格的平衡面板数据，否则无法进行单位根检验，因此为保障检验结果的精确性，本章采用 IPS 检验、ADF-Fisher 检验和 PP-Fisher 检验分别对各个变量进行单位根检验。其具体结果见表 6-4，其中 IPS 检验加入趋势和截面相关选项，ADF-Fisher 检验中选择滞后一期，PP-Fisher 检验中同样选择滞后一期。表 6-4 中的单位根检验结果表明，企业粗钢产量、劳动投入、资本投入、市场份额、负债规模、资本保值率、可持续增长率、市场价值没有单位根，属于平稳数据。其中，资本投入在 IPS 检验和 ADF-Fisher 检验中均拒绝了原假设，即不存在单位根，而 PP-Fisher 检验结果接受原假设。但由于已经有两种检验方法拒绝了原假设，认为资本投入不存在单位根，因此认为资本投入是平稳数据。经过一阶差分后，所有变量在三种单位根的检验下都拒绝了原假设，即本章的数据为一阶单整。

表 6-4　各变量单位根检验结果

变量	IPS 检验	ADF-Fisher 检验	PP-Fisher
product	-14.947*** (0.000)	164.245*** (0.000)	319.930*** (0.000)
D. *product*	-42.986*** (0.000)	1786.946*** (0.000)	2231.037*** (0.000)
CNprice	1.837 (0.967)	56.824 (0.662)	28.236 (0.999)
D. *CNprice*	-30.308*** (0.000)	1521.044*** (0.000)	1507.495*** (0.000)
Gprice	0.124 (0.549)	58.889 (0.589)	31.834 (0.999)
D. *Gprice*	-30.979*** (0.000)	1422.202*** (0.000)	1586.578*** (0.000)
ln*labor*	-15.366*** (0.000)	420.530*** (0.000)	369.770*** (0.000)
D. ln*labor*	-35.4357*** (0.000)	1178.929*** (0.000)	2034.298*** (0.000)
ln*capital*	-4.646*** (0.000)	82.270** (0.029)	69.555 (0.187)
D. ln*capital*	-35.733*** (0.000)	1277.185*** (0.000)	2055.023*** (0.000)
ln*fixedasset*	-6.956*** (0.000)	66.831 (0.054)	63.871 (0.342)
D. ln*fixedasset*	-30.237*** (0.000)	1239.241*** (0.000)	2036.844*** (0.000)
marketshare	-14.677*** (0.000)	176.973*** (0.000)	351.775*** (0.000)
D. *marketshare*	-41.572*** (0.000)	1664.354*** (0.000)	2229.230*** (0.000)
ln*debt*	-4.204*** (0.000)	86.093*** (0.015)	81.230*** (0.000)
D. ln*debt*	-35.495*** (0.000)	1260.684*** (0.000)	2039.183*** (0.000)

续表

变量	IPS 检验	ADF-Fisher 检验	PP-Fisher
cprate	-9.347*** (0.000)	175.127*** (0.000)	172.463*** (0.000)
D. *cprate*	-34.538*** (0.000)	1141.058*** (0.000)	1975.122*** (0.000)
sgrate	-12.284*** (0.000)	184.029*** (0.000)	181.783*** (0.000)
D. *sgrate*	-34.596*** (0.000)	1109.045*** (0.000)	1982.532*** (0.000)
tobinQ	-4.907*** (0.000)	87.514*** (0.007)	87.481*** (0.000)
D. *tobinQ*	-32.946*** (0.000)	1049.257*** (0.000)	1911.995*** (0.000)

注：***、**分别表示在1%、5%水平下显著；括号内为p值；"D."表示变量一阶差分；IPS检验中系数为T值，ADF-Fisher检验中系数为ADF-Chi-square统计量，PP-Fisher检验中系数为PP-Chi-square统计量。

2. 面板协整检验

面板协整检验是为了检验实证模型中的各个变量是否存在长期均衡关系，若存在长期均衡关系，则表明回归结果的残差是稳定的；反之，若各个变量之间不存在长期均衡关系，则表明回归结果的残差是不稳定的，不能直接进行回归分析。协整检验的前提是各个变量平稳且同阶单整。因此，本章继续检验实证模型中各个变量是否具有长期均衡关系。本章采用Kao检验、Pedroni检验和Westerlund检验分别对各个变量进行协整检验，具体结果见表6-5。协整检验结果表明，Kao检验、Pedroni检验和Westerlund检验均在1%水平下拒绝原假设，即各个变量之间存在长期协整关系。因此，实证回归的残差具有稳定性，可以进行进一步回归分析。

表 6-5　协整检验结果

Kao 检验		
	Statistic	P-value
Modified Dickey-Fuller t	-150	0.000
Dickey-Fuller t	-62.323	0.000
Augmented Dickey-Fuller t	-29.809	0.000
Unadjusted modified Dickey-Fuller t	-170	0.000
Unadjusted Dickey-Fuller t	-62.057	0.000
Pedroni 检验		
	Statistic	p-value
Modified Phillips-Perron t	-41.575	0.000
Phillips-Perron t	-64.281	0.000
Augmented Dickey-Fuller t	-57.545	0.000
Westerlund 检验		
	Statistic	p-value
Variance ratio	-8.087	0.000

三、铁矿石价格波动对钢铁产业静态影响的实证分析

1. 国内铁矿石价格波动对钢铁产业静态影响的实证分析

国内铁矿石价格波动对钢铁产业静态影响的回归结果见表 6-6。表 6-6 实证分析中，模型（1）和模型（4）采用控制个体效应和时间趋势的 LSDV 方法估计，并采用考虑异方差的面板校正标准误差；模型（2）和模型（5）使用考虑异方差和截面相关的面板校正标准误差，并采用 OLS 方法估计；模型（3）和模型（6）采用 FGLS 方法估计，对误差项的组内自相关进行处理，并考虑异方差和截面相关的面板校正标准误差。

模型（1）、（2）、（3）展示了仅考虑时间趋势和个体效应时，国内铁矿石价格波动对粗钢产量的静态影响。结果表明，国内铁矿石价格与粗钢产量在 1% 水平下显著负相关，估计系数分别为 -0.078、-0.078 和

-0.100，说明平均而言，国内铁矿石价格每上涨一个单位，粗钢产量会减产0.078至0.1个单位。时间趋势项均在1%水平下显著，说明存在时间趋势，有必要控制时间趋势项。模型（4）、（5）、（6）展示了控制相关变量后国内铁矿石价格波动对粗钢产量的静态影响。以上三个模型中，国内铁矿石价格与粗钢产量的系数分别在10%和5%水平下显著，估计系数分别为-0.061、-0.061和-0.089。说明国内铁矿石价格波动会引起粗钢产量呈相反方向的波动。

表6-6　国内铁矿石价格波动对钢铁产业静态影响的回归结果

变量名称	(1) LSDV	(2) OLS-PS	(3) FGLS	(4) LSDV	(5) OLS-PS	(6) FGLS
CNprice	-0.078*** (-5.16)	-0.078*** (-13.02)	-0.100*** (-50.30)	-0.061* (-1.69)	-0.061* (-1.94)	-0.089** (-2.47)
ln*labor*				-1.792* (-1.69)	-1.792* (-1.83)	-0.619*** (-10.61)
ln*capital*				14.486 (1.64)	14.486*** (7.30)	4.269*** (16.63)
ln*fixedasset*				-2.856 (-1.30)	-2.856*** (-5.25)	0.288*** (4.22)
marketshare				5558.325*** (32.09)	5558.325*** (56.09)	6462.751*** (440.83)
ln*debt*				-8.517 (-1.25)	-8.517*** (-5.90)	-3.544*** (-17.11)
cprate				0.564 (0.46)	0.564 (1.21)	-0.300*** (-4.79)
sgrate				-0.092 (-0.25)	-0.092 (-0.38)	0.081 (1.60)
tobinQ				-1.429 (-1.15)	-1.429* (-1.80)	-0.253*** (-3.69)
时间趋势	0.429*** (3.07)	0.429*** (6.38)	0.633*** (13.47)	0.329*** (5.95)	0.329*** (10.21)	0.302*** (21.65)
个体效应	YES	YES	YES	YES	YES	YES

续表

变量名称	(1) LSDV	(2) OLS-PS	(3) FGLS	(4) LSDV	(5) OLS-PS	(6) FGLS
常数项	5.978 (0.45)	5.978 (0.82)	-21.537*** (-3.47)	-17.216*** (-2.78)	-17.216*** (-5.68)	-13.648*** (-10.59)
N	3322	3322	3322	2728	2728	2728
Wald chi2			10143.39			247294.00
R^2	0.858	0.858		0.934	0.987	

注：***、**、*分别表示在1%、5%、10%水平下显著；括号内为经过异方差调整后的t统计量；YES表示控制了个体效应。

为保证估计结果的准确性，需要检验面板数据的自相关、截面相关和是否具有异方差。

在模型（6）中，解释变量国内铁矿石价格与粗钢产量在5%水平下显著负相关，说明平均而言，国内铁矿石价格每上涨或下降一个单位，粗钢产量会随之减少或增加0.089个单位，国内铁矿石价格波动对粗钢产量具有显著负向影响，假设2成立。铁矿石作为钢铁产业的重要生产因素，其价格波动会显著影响下游钢铁企业的生产和经营。

控制变量中，劳动投入与粗钢产量在1%水平下显著负相关，估计系数为-0.619，说明钢铁企业支付的人员工资薪酬和管理费用与粗钢产量显著负相关，合理设计钢铁企业员工工资薪酬、有效控制管理成本有利于提高粗钢产量。资本投入与粗钢产量在1%水平下显著正相关，估计系数为4.269；固定资产投入与粗钢产量在1%水平下显著正相关，估计系数为0.288，说明相对于其他产业，钢铁企业比较依赖资本规模和固定资产投入，扩大国内钢铁企业的规模有利于提高粗钢产量。市场份额与粗钢产量在1%水平下显著正相关，估计系数为6462.751，说明市场份额是影响粗钢产量较为重要的因素，钢铁企业市场份额增大其粗钢产量也会显著提高。负债规模与粗钢产量在1%水平下显著负相关，估计系数为-3.544，说明钢铁企业盲目扩张产生的负债会明显降低企业粗钢产量。

可持续增长率对粗钢产量的影响不显著，可能是因为钢铁企业的净资产收益率和收益留存率不理想。资本保值率和市场价值与钢铁企业粗钢产量在1%水平下显著负相关，说明钢铁企业所有者权益和市场价值整体不理想。

图6-2分别展示了国内铁矿石价格波动对粗钢产量回归的自相关、截面相关和异方差检验结果。Wooldridge检验结果在1%水平下显著拒绝原假设，表明随机扰动项存在组内自相关；Breusch-Pagan LM检验结果在1%水平下显著拒绝原假设，表明该面板数据存在截面相关；Modified Wald检验结果在1%水平下显著拒绝原假设，表明该面板数据存在异方差问题。因此，表6-6的结果中，模型（6）的设定较为合理和准确。

```
Wooldridge test for autocorrelation in panel data
HO：no first-order autocorrelation
      F（1，29）=670.592
              Prob>F=0.0000
Breusch-Pagan LM test of independence：chi2（435）=13870.576， Pr=0.0000
Based on 101 complete observations over panel units
Modified Wald test for groupwise heteroskedasticity
in fixed effect regression model
HO：sigma（i）^2 =sigma^2 for all i
chi2（30）=18011.69
Prob>chi2=0.0000
```

图6-2　国内铁矿石价格回归的自相关、截面相关和异方差检验结果

2. 国际铁矿石价格波动对钢铁产业静态影响的实证分析

国际铁矿石价格波动对钢铁产业静态影响的回归结果见表6-7。表6-7实证分析中，模型（1）和模型（4）采用控制个体效应和时间趋势的LSDV方法估计，并采用考虑异方差的面板校正标准误差；模型（2）和模型（5）使用考虑异方差和截面相关的面板校正标准误差，并采用OLS方法估计；模型（3）和模型（6）采用FGLS方法估计，对误差项的组内自相关进行处理，并考虑异方差和截面相关的面板校正标准误差。

表 6-7　国际铁矿石价格波动对钢铁产业静态影响的回归结果

变量名称	(1) LSDV	(2) OLS-PS	(3) FGLS	(4) LSDV	(5) OLS-PS	(6) FGLS
Gprice	-0.548*** (-5.22)	-0.548*** (-12.17)	-0.700*** (-46.71)	-0.054** (-2.18)	-0.054** (-2.43)	-0.141*** (-5.28)
ln*labor*				-1.715 (-1.60)	-1.715* (-1.77)	-0.597*** (-10.19)
ln*capital*				14.149 (1.61)	14.149*** (7.11)	4.196*** (16.14)
ln*fixedasset*				-2.856 (-1.32)	-2.856*** (-5.26)	0.274*** (4.08)
marketshare				5556.385*** (32.00)	5556.385*** (56.13)	6459.375*** (439.60)
ln*debt*				-8.297 (-1.22)	-8.297*** (-5.71)	-3.511*** (-16.65)
cprate				0.548 (0.44)	0.548 (1.18)	-0.313*** (-4.94)
sgrate				-0.123 (-0.35)	-0.123 (-0.50)	0.080 (1.56)
tobinQ				-1.404 (-1.13)	-1.404* (-1.78)	-0.247*** (-3.60)
时间趋势	0.405*** (2.97)	0.405*** (5.82)	0.606*** (12.28)	0.339*** (6.14)	0.339*** (10.83)	0.312*** (22.92)
个体效应	YES	YES	YES	YES	YES	YES
常数项	11.251 (0.93)	11.251 (1.53)	-14.782** (-2.36)	-17.851*** (-2.85)	-17.851*** (-6.04)	-14.221*** (-11.01)
N	3322	3322	3322	2728	2728	2728
Wald chi2			9615.73			243686.18
R^2	0.857	0.857		0.933	0.988	

注：***、**、*分别表示在1%、5%、10%水平下显著；括号内为经过异方差调整后的t统计量；YES表示控制了个体效应。

模型（1）、（2）、（3）展示了仅考虑时间趋势和个体效应时，国际铁矿石价格波动对粗钢产量的静态影响。结果表明，国际铁矿石价格与粗钢产量在1%水平下显著负相关，估计系数分别为-0.548、-0.548和

-0.700，说明平均而言，国际铁矿石价格每上涨一个单位，粗钢产量会相应减少0.548至0.7个单位。时间趋势项均在1%水平下显著，说明存在时间趋势，有必要控制时间趋势项。模型（4）、（5）、（6）展示了控制相关变量后国际铁矿石价格波动对粗钢产量的静态影响。以上三个模型中，国际铁矿石价格与钢铁企业粗钢产量分别在5%和1%水平下显著负相关，估计系数分别为-0.054、-0.054和-0.141。说明国际铁矿石价格波动会引起粗钢产量呈相反方向的波动。

为保证估计结果的准确性，需要检验面板数据的自相关、截面相关和是否具有异方差。从检验结果来看（见图6-3），模型（6）的设定较为合理和准确。

在模型（6）中，解释变量国际铁矿石价格与粗钢产量在1%水平下显著负相关，平均而言，国际铁矿石价格每上涨或下降一个单位，粗钢产量会相应减少或增加0.141个单位，国际铁矿石价格波动对钢铁企业粗钢产量也存在明显的负向影响，假设1成立。另外，国际铁矿石价格波动相对国内铁矿石价格波动对粗钢产量的静态影响更强烈，粗钢产量受国际铁矿石价格波动的影响更明显。这是因为目前我国铁矿石品位低、分布广、开采成本高，国内铁矿石需求高度依赖进口铁矿石。因此，国内钢铁产业粗钢产量受国际铁矿石价格波动的静态影响更强烈。对此，未来我国铁矿石采掘业应加快企业重组和并购，积极促进铁矿石采掘业技术升级和数字化升级，降低铁矿石开采成本，保证国内铁矿石供给安全。

控制变量中，劳动投入与钢铁企业粗钢产量在1%水平下显著负相关，估计系数为-0.597，说明钢铁企业支付的人员工资薪酬和管理费用与粗钢产量负相关，合理设计钢铁企业员工工资薪酬、有效控制管理成本有利于提高粗钢产量。资本投入与粗钢产量在1%水平下显著正相关，估计系数为4.196；固定资产投入与粗钢产量在1%水平下显著正相关，估计系数为0.274，说明相对于其他产业，钢铁产业比较依赖资本规模和固定资产投入，扩大国内钢铁企业的规模有利于提高粗钢产量。市场份额与粗钢产量在1%水平下显著正相关，估计系数为6459.375，说明市场份额是影响粗钢产量较为重要的因素，钢铁企业市场份额增大其粗钢产量也会显著提高。负债规模与粗钢产量在1%水平下显著负相关，估计系数为-3.511，说明钢铁企业盲目扩张产生的负债会明显降低粗钢产量。资本保值率和市场价值与粗钢产量在1%水平下显著负相关，说明钢铁企业所有者权益和市场价值整体不理想。可持续增长率对粗钢产量的影响不显著，可能是因为钢铁企业的净资产收益率和收益留存率不理想。

图6-3分别展示了国际铁矿石价格波动对粗钢产量回归的自相关、截面相关和异方差检验结果。Wooldridge检验结果在1%水平下显著拒绝原假设，表明随机扰动项存在组内自相关；Breusch-Pagan LM检验结果在1%水平下显著拒绝原假设，表明该面板数据存在截面相关；Modified Wald结果在1%水平下显著拒绝原假设，表明该面板数据存在异方差问题。因此，表6-7的结果中，模型（6）的设定较为合理和准确。

```
Wooldridge test for autocorrelation in panel data
HO：no first-order autocorrelation
    F（1，29）=673.231
          Prob>F=0.0000
Breusch-Pagan LM test of independence：chi2（435）=18000.107， Pr=0.0000
Based on 101 complete observations over panel units
Modified Wald test for groupwise heteroskedasticity
in fixed effect regression model
HO：sigma（i）^2 =sigma^2 for all i
chi2（30）=21205.71
Prob>chi2=0.0000
```

图6-3　国际铁矿石价格回归的自相关、截面相关和异方差检验结果

四、铁矿石价格波动对钢铁产业的非对称静态影响分析

以往的研究中，Koutmos（1995）、Booth等（1997）、Laopodis（1998）、Wang和Li（2021）都认为价格波动的溢出效应具有非对称性，即价格波动的负面信号比价格波动的积极信号产生的溢出效应更强烈。考虑到铁矿

石价格波动会对钢铁企业生产成本产生重要的影响，铁矿石价格上涨对钢铁企业而言意味着生产成本的上涨，铁矿石价格波动对钢铁企业可能也会产生非对称的影响。因此，本书将铁矿石价格波动分为价格上涨和下降期，分别研究铁矿石价格波动信号对钢铁企业的影响。

根据国内铁矿石价格和国际铁矿石价格，分别计算当期国内铁矿石价格环比增长率和当期国际铁矿石价格环比增长率，并将价格环比增长率为正的设置为价格上涨期，将价格环比增长率为负的设置为价格下降期。经过价格上涨或下降分组后，国内铁矿石价格上涨组观测值为 1762、占比为 53.57%，国内铁矿石价格下降组观测值为 1527、占比为 46.43%；国际铁矿石价格上涨组观测值为 1734、占比为 52.72%，国际铁矿石价格下降组观测值为 1555、占比为 47.28%。价格上涨组和价格下降组相对而言较为平均，不会因样本选择偏差导致估计结果的偏差。

1. 铁矿石价格上涨对钢铁产业静态影响的实证分析

表 6-8 分别展示了国内铁矿石价格上涨期和国际铁矿石价格上涨期，铁矿石价格对钢铁产业的静态影响。模型（1）至模型（3）展示了国内铁矿石价格上涨期铁矿石价格对粗钢产量的影响，模型（4）至模型（6）展示了国际铁矿石价格上涨期铁矿石价格对粗钢产量的影响。由于经过铁矿石价格上涨期和下降期分组后，原始面板数据变为截面数据，因此只能采用 GLS 方法对截面数据进行固定效应和随机效应分析。豪斯曼检验结果显著拒绝原假设，即固定效应估计结果与随机效应估计结果存在巨大差异，因此选择固定效应估计的结果较为合理。

模型（2）、（5）分别反映了国内铁矿石价格上涨期和国际铁矿石价格上涨期铁矿石价格对钢铁产业的静态影响。从回归结果来看，国内铁矿石价格上涨期内，国内铁矿石价格与粗钢产量显著负向相关，估计系数为 -0.022。平均而言，铁矿石价格每上涨一个单位，钢铁企业粗钢产量就减少 0.022 个单位。在国际铁矿石价格上涨期内，国际铁矿石价格与钢铁企业粗钢产量显著负向相关，估计系数为-0.153。平均而言，国际铁矿石价格每上涨一个单位，钢铁企业粗钢产量就减少0.153个单位。国内铁矿石价格上涨期和国际铁矿石价格上涨期内，国内铁矿石价格和国际铁矿石价格对钢铁产业均存在显著负向的影响，并且国际铁矿石价格对钢铁产业的静态影响是国内铁矿石价格的6.95倍左右。

控制变量中资本投入与粗钢产量在国内铁矿石价格上涨期和国际铁矿石上涨期内均在1%水平下显著正相关，说明钢铁企业的生产过程高度依赖资本投入。其他投入控制变量中劳动投入和固定资产投入的影响均不显著。这可能是因为分组后的截面数据在时间段上是非连续的，而劳动投入和固定资产投入在短期内的变化不大，导致估计结果不显著。市场份额与粗钢产量在国内铁矿石价格上涨期和国际铁矿石价格上涨期内均在1%水平下显著正相关，说明钢铁企业的市场集中度越高，越有利于稳定和保障钢铁供给，合理推进钢铁行业的并购和重组有利于钢铁供给安全。负债规模与粗钢产量在国内铁矿石价格上涨期和国际铁矿石价格上涨期内均在1%水平下显著负相关，说明钢铁企业负债规模增大会显著降低钢铁企业粗钢产量，合理控制企业负债规模有利于稳定钢铁企业粗钢产量。

表6-8　铁矿石价格上涨对钢铁产业静态影响的回归结果

变量名称	(1) 固定效应	(2) 固定效应	(3) 随机效应	(4) 固定效应	(5) 固定效应	(6) 随机效应
CNprice	-0.010*** (-3.92)	-0.022*** (-6.03)	-0.026*** (-6.85)			
Gprice				-0.084*** (-4.18)	-0.153*** (-5.96)	-0.189*** (-7.00)
ln*labor*		-1.083 (-0.78)	-2.021 (-1.41)		-0.467 (-0.36)	-1.592 (-1.23)
ln*capital*		36.305*** (4.21)	35.911*** (4.28)		36.431*** (4.34)	35.839*** (4.38)
ln*fixedasset*		-6.947 (-1.49)	-4.587 (-0.99)		-7.354 (-1.59)	-4.732 (-1.07)

续表

变量名称	(1) 固定效应	(2) 固定效应	(3) 随机效应	(4) 固定效应	(5) 固定效应	(6) 随机效应
marketshare		4767.489*** (25.47)	5414.882*** (54.05)		4760.165*** (23.01)	5459.300*** (53.04)
ln*debt*		−18.578*** (−3.09)	−19.025*** (−2.70)		−18.687*** (−3.16)	−19.249*** (−2.79)
cprate		−3.003 (−1.46)	−4.079* (−1.68)		−2.755 (−1.47)	−3.937* (−1.73)
sgrate		6.746 (1.59)	7.764* (1.86)		6.067 (1.56)	7.161* (1.87)
tobinQ		−1.304 (−0.39)	1.601 (0.44)		−1.559 (−0.50)	1.362 (0.39)
个体效应	YES	YES	YES	YES	YES	YES
常数项	112.54*** (10.79)	−116.20 (−1.38)	−144.08** (−2.33)	112.48*** (10.86)	−119.95 (−1.43)	−143.87** (−2.33)
N	1762	1434	1434	1734	1418	1418
R^2	0.002	0.794	0.793	0.010	0.799	0.798

注：***、**、*分别表示在1%、5%、10%水平下显著；括号内为经过异方差调整后的t统计量；YES表示控制了个体效应。

2. 铁矿石价格下降对钢铁产业静态影响的实证分析

表6-9分别展示了国内铁矿石价格下降期和国际铁矿石价格下降期铁矿石价格对钢铁产业的静态影响。模型（1）至模型（3）展示了国内铁矿石价格下降期铁矿石价格对粗钢产量的影响，模型（4）至模型（6）展示了国际铁矿石价格下降期铁矿石价格对粗钢产量的影响。由于经过铁矿石价格上涨期和下降期分组后，原始面板数据变为截面数据，因此只能采用GLS方法对截面数据进行固定效应和随机效应分析。豪斯曼检验结果显著拒绝原假设，即固定效应估计结果与随机效应估计结果存在巨大差异，表明选择固定效应估计的结果较为合理。

表 6-9　铁矿石价格下降对钢铁产业静态影响的回归结果

变量名称	(1) 固定效应	(2) 固定效应	(3) 随机效应	(4) 固定效应	(5) 固定效应	(6) 随机效应
CNprice	-0.018*** (-6.06)	-0.020*** (-6.74)	-0.029*** (-6.46)			
Gprice				-0.133*** (-6.26)	-0.114*** (-6.02)	-0.185*** (-6.60)
ln*labor*		-4.489*** (-4.10)	-4.724*** (-4.21)		-5.830*** (-4.20)	-5.868*** (-4.23)
ln*capital*		30.641*** (3.99)	21.685*** (5.43)		33.764*** (4.09)	24.317*** (5.45)
ln*fixedasset*		-0.553 (-0.45)	0.455 (0.45)		-0.842 (-0.77)	0.569 (0.58)
marketshare		5071.86*** (43.35)	6054.99*** (98.17)		5013.02*** (47.04)	6003.02*** (77.33)
ln*debt*		-18.891*** (-3.12)	-14.206*** (-3.89)		-18.854*** (-3.08)	-15.409*** (-3.93)
cprate		-2.142 (-1.02)	-4.787* (-1.70)		-2.094 (-0.93)	-4.941 (-1.60)
sgrate		3.542 (1.10)	8.322* (1.85)		3.034 (0.90)	7.948* (1.72)
tobinQ		-1.464 (-0.46)	0.488 (0.16)		-1.161 (-0.35)	0.803 (0.25)
个体效应	YES	YES	YES	YES	YES	YES
常数项	108.32*** (43.97)	-71.84 (-1.09)	-17.39 (-0.71)	108.58*** (47.66)	-110.62 (-1.68)	-29.54 (-1.06)
N	1527	1267	1267	1555	1283	1283
R^2	0.024	0.857	0.855	0.025	0.840	0.836

注：***、*分别表示在1%、10%水平下显著；括号内为经过异方差调整后的 t 统计量；YES 表示控制了个体效应。

模型（2）、（5）分别反映了国内铁矿石价格下降期和国际铁矿石下降期铁矿石价格对钢铁产业的静态影响。从回归结果来看，首先，国内铁矿石下降期内，国内铁矿石价格与粗钢产量显著负向相关，估计系数为-0.020。平均而言，铁矿石价格每下降一个单位，粗钢产量就减少 0.020

个单位。在国际铁矿石下降期内，国际铁矿石价格与粗钢产量显著负向相关，估计系数为-0.114。平均而言，国际铁矿石价格每下降一个单位，粗钢产量就减少0.114个单位。国内铁矿石价格下降期和国际铁矿石价格下降期内，国内铁矿石价格和国际铁矿石价格对钢铁产业均存在显著负向的静态影响，并且国际铁矿石价格对钢铁产业的静态影响是国内铁矿石价格静态影响的5.7倍。国际铁矿石价格变化在铁矿石价格上涨期内对钢铁产业的静态影响比在铁矿石价格下降期内的静态影响更强烈。其中，国内铁矿石价格下降期的估计系数为-0.020，国内铁矿石价格上涨期的估计系数为-0.022；国际铁矿石价格下降期的估计系数为-0.114，国际铁矿石价格上涨期的估计系数为-0.153。说明国际铁矿石价格波动对钢铁产业的静态影响存在明显的非对称价格传递模式，而国内铁矿石价格波动对钢铁产业的静态影响不存在明显的非对称价格传递模式，假设3成立，假设4不成立。因此，粗钢产量受国际铁矿石价格波动的影响更明显。

控制变量中，劳动投入对粗钢产量在国内铁矿石价格下降期和国际铁矿石价格下降期均在1%水平下显著负相关，这可能是由于截面数据在时间段上存在间断，粗钢产量会因铁矿石价格变化而发生变化，而劳动投入在短期内具有黏性，从而造成估计结果与理论预期不一致。资本投入与粗钢产量在国内铁矿石价格下降期和国际铁矿石价格下降期均在1%水平下显著正相关，说明铁矿石价格下降期钢铁企业资本投入增加会显著提高粗钢产量。固定资产投入对粗钢产量在国内铁矿石价格下降期影响和国际铁矿石价格下降期影响均不显著，这可能是因为分组后的截面数据在时间段上是非连续的，而固定资产投入在短期内的变化不大，导致估计结果不显著。市场份额与粗钢产量在国内铁矿石价格下降期和国际铁矿石价格下降期均在1%水平下显著正相关，并且估计系数显著大于铁矿石价格上涨期，说明铁矿石价格下降时市场份额越大的企业对价格下降信号越敏感，生产粗钢的激励越强烈。负债规模与粗钢产量在国内铁矿石价格下降期和国际铁矿石价格下降期均在1%水平下显著负相关，估计系数与铁矿石价格上涨期的估计系数差异不大，说明钢铁产业负债规模对铁矿石价格波动不敏感，钢铁产业需要进一步管控负债规模以应对市场情况的变化。

五、内生性分析

由于铁矿石需求是由钢铁企业产量决定的，粗钢产量对铁矿石价格可能存在反馈机制，因此铁矿石价格波动与钢铁企业粗钢产量可能存在双向因果关系。考虑到铁矿石价格波动与粗钢产量可能存在双向因果关系，可能对估计结果产生严重的偏误，需要引入工具变量对内生变量进行处理。

本书引入海运费作为国际铁矿石价格和国内铁矿石价格的工具变量，理由是：①海运作为大宗商品运输的主要途径，海运费波动会引起国际大宗商品的价格变化。现有文献认为，海运费与国际大宗商品价格具有较高的相关性，其中海运费与国际铁矿石价格也存在较高的相关性。目前，国内铁矿石价格与海运费的相关性还没有较为明确的结论，但从二者的相关性分析来看，其也存在较高的相关性（见图 6-4）。②海运费是一种运输成本，而钢铁企业生产粗钢的过程应该不会涉及海运成本，因此海运费应该是独立于钢铁企业生产系统的。

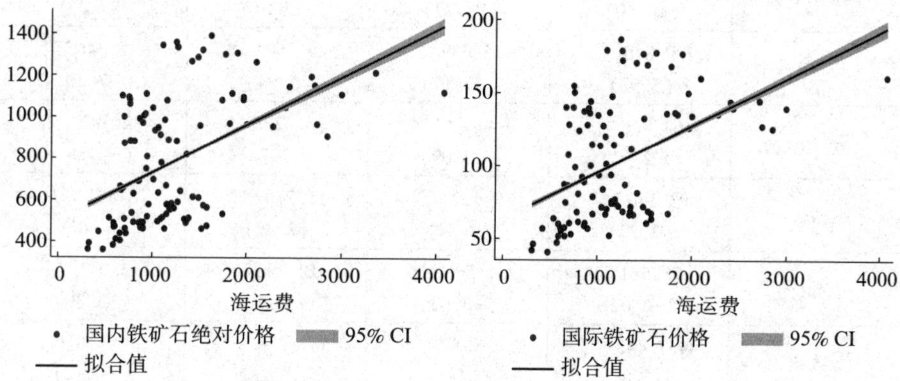

图 6-4　海运费与国内、国际铁矿石价格的拟合图

长面板工具变量法一般分为两个步骤。一是对原模型进行变换，若原模型为固定效应模型则进行离差或一阶差分变换；若原模型为随机效应模型则进行 FGLS 变换。二是对变换后的模型使用两阶段最小二乘法估计。由于本章的实证均控制了个体效应和时间趋势，属于固定效应模型，因此首先对原模型进行离差变换，把（$y_{it}-\bar{y}_i$）对（$x_{it}-\bar{x}_i$）进行 OLS 回归。其次，使用工具变量（$z_{it}-\bar{z}_i$），对（$x_{it}-\bar{x}_i$）进行两阶段最小二乘回归。国内铁矿石价格和国际铁矿石价格的工具变量回归结果见表 6-10。

表 6-10 国内铁矿石价格和国际铁矿石价格的工具变量回归结果

变量名称	(1) *CNprice*	(2) *Product*	(3) *Gprice*	(4) *Product*
CNprice		-0.040*** (-14.91)		
Gprice				-0.279*** (-14.67)
IV	0.182*** (24.87)		0.026*** (26.00)	
ln*labor*	-14.320* (-1.66)	-1.558*** (-2.73)	-3.659*** (-3.09)	-2.005*** (-3.47)
ln*capital*	-318.722*** (-8.19)	23.304*** (8.17)	-41.024*** (-7.67)	24.636*** (8.61)
ln*fixedasset*	-41.726*** (-2.89)	-2.948*** (-3.05)	-5.876*** (-2.97)	-2.915*** (-2.97)
marketshare	10976.090*** (16.10)	5117.747*** (89.27)	1462.007*** (15.61)	5085.632*** (89.26)
ln*debt*	180.876*** (5.92)	-15.059*** (-7.17)	24.959*** (5.94)	-15.346*** (-7.20)
cprate	-64.828*** (-2.92)	-4.641*** (-3.09)	-8.423*** (-2.76)	-4.392*** (-2.88)
sgrate	93.140*** (3.27)	9.422*** (4.84)	11.230*** (2.87)	8.821*** (4.48)
tobinQ	-78.541*** (-6.02)	-2.706*** (-3.03)	-12.382*** (-6.91)	-3.013*** (-3.30)
常数项	4457.442*** (12.91)	12.715 (0.45)	582.716*** (12.28)	-3.403 (-0.12)
N	2728	2728	2728	2728
R^2	0.379	0.798	0.381	0.791

注：***、*分别表示在 1%、10%水平下显著；括号内为经过异方差调整后的 t 统计量。

表6-10中，模型（1）、（2）展示了国内铁矿石价格的工具变量回归结果，模型（3）、（4）展示了国际铁矿石价格的工具变量回归结果。模型（1）展示了国内铁矿石价格的第一阶段工具变量回归结果，工具变量海运费与国内铁矿石价格在1%水平下显著正相关，F统计量大于10，说明不存在弱工具变量的情况。模型（2）展示了国内铁矿石价格的第二阶段工具变量回归结果，国内铁矿石价格在1%水平下与粗钢产量显著负相关，估计系数为-0.040。对比国内铁矿石价格的工具变量回归结果与前文中的国内铁矿石的估计结果，可以发现无论是在统计意义上的显著性、估计系数的符号、估计系数大小都基本保持一致，说明国内铁矿石价格与粗钢产量不存在双向因果关系，前文中国内铁矿石价格的估计结果具有科学性和准确性。

模型（3）展示了国际铁矿石价格的第一阶段工具变量回归结果，工具变量海运费与国际铁矿石价格在1%水平下显著正相关，F统计量大于10，说明不存在弱工具变量的情况。模型（4）展示了国际铁矿石价格的第二阶段工具变量回归结果，国际铁矿石价格与粗钢产量在1%水平下显著负相关，估计系数为-0.279。对比国际铁矿石价格的工具变量回归结果与前文中国际铁矿石价格的估计结果发现，第一，工具变量估计系数的绝对值有所增大，但变化程度仅在1倍左右；第二，估计系数在统计意义上的显著性和估计系数符号基本保持一致。这说明国际铁矿石价格与粗钢产量不存在双向因果关系，前文中国际铁矿石价格的估计结果具有科学性和准确性。

六、稳健性分析

考虑到国内钢铁企业可能存在一定的差异性，这些差异可能会造成回归结果的偏差。因此，本节对国内钢铁上市企业进行分类回归，分析国内钢铁企业可能存在的异质性问题，从而保证实证研究的稳健性。

首先，目前国内钢铁企业大部分属于国有或国有控股企业，部分属于民营企业，企业类型可能造成一定的差异性。通过对样本的整理发现，国内钢铁上市企业属于民营的只有抚顺新钢铁有限责任公司、江苏沙钢集团和南京钢铁集团有限公司。民营钢铁上市企业的样本较少，无法进行对比分析。其次，考虑到国内钢铁上市企业规模的异质性，根据国家统计局发布的《统计上大中小微型企业划分办法（2017）》对国内钢铁上市企业进行分类，但样本中所有企业均属于大型企业。因此，本节只能根据国内钢铁上市企业固定资产排序分类。其中，国内钢铁企业固定资产占样本前25%的企业为Ⅰ类企业，固定资产占样本前25%到75%的企业为Ⅱ类企业，固定资产占样本后25%的企业为Ⅲ类企业。Ⅰ类企业固定资产小于5.35亿元，占比为27.59%；Ⅱ类企业固定资产大于5.35亿元小于29.7亿元，占比为48.28%；Ⅲ类企业固定资产大于29.7亿元，占比为24.13%。国内钢铁上市企业规模异质性分析结果见表6-11。

表6-11　国内钢铁上市企业规模异质性分析

变量名称	(1) Ⅰ类	(2) Ⅱ类	(3) Ⅲ类	(4) Ⅰ类	(5) Ⅱ类	(6) Ⅲ类
CNprice	-0.071*** (-9.61)	-0.022** (-2.25)	-0.009*** (-3.65)			
Gprice				-0.136*** (-6.84)	-0.085** (-2.21)	-0.047*** (-4.20)
ln*labor*	-0.458*** (-3.56)	-0.217** (-1.99)	0.243 (0.52)	-0.444*** (-3.36)	-0.221** (-1.99)	0.271 (0.58)
ln*capital*	1.237*** (2.97)	1.908*** (4.16)	18.897*** (6.25)	1.068** (2.52)	1.815*** (3.92)	19.354*** (6.42)
ln*fixedasset*	0.429*** (4.09)	-0.329 (-1.52)	-1.702 (-1.01)	0.385*** (3.68)	-0.357* (-1.65)	-1.816 (-1.09)
marketshare	6667.10*** (155.47)	6568.70*** (271.14)	6396.45*** (153.23)	6670.31*** (153.22)	6566.70*** (269.25)	6388.17*** (153.94)
ln*debt*	-0.877*** (-2.74)	-1.273*** (-3.43)	-15.833*** (-6.51)	-0.758** (-2.33)	-1.154*** (-3.07)	-16.170*** (-6.69)
cprate	-0.281* (-1.93)	0.194 (1.39)	-1.531 (-0.39)	-0.293** (-1.97)	0.207 (1.45)	-1.443 (-0.36)
sgrate	0.136 (0.94)	0.035 (0.60)	4.971 (1.01)	0.157 (1.05)	0.026 (0.44)	5.091 (1.03)

续表

变量名称	(1) Ⅰ类	(2) Ⅱ类	(3) Ⅲ类	(4) Ⅰ类	(5) Ⅱ类	(6) Ⅲ类
tobinQ	-0.070 (-0.40)	-0.157 (-1.03)	-0.333 (-0.44)	-0.104 (-0.57)	-0.145 (-0.94)	-0.461 (-0.60)
时间趋势	0.099*** (5.60)	0.222*** (13.97)	0.454*** (11.91)	0.114*** (6.56)	0.222*** (14.18)	0.456*** (12.21)
个体效应	*YES*	*YES*	*YES*	*YES*	*YES*	*YES*
常数项	-3.701* (-1.81)	-9.451*** (-6.31)	-26.892*** (-5.31)	-4.396** (-2.11)	-9.515*** (-6.38)	-27.477*** (-5.49)
N	808	1414	707	808	1414	707
Wald chi2	44151.58	93594.76	36738.41	41558.72	92813.31	37143.72

注：***、**、*分别表示在1%、5%、10%水平下显著；括号内为经过异方差调整后的t统计量。

表6-11展示了铁矿石价格波动对国内不同规模钢铁上市企业的稳健性分析结果。模型（1）至模型（3）展示了不同企业规模下国内铁矿石价格对粗钢产量的异质性分析结果，模型（4）至模型（6）展示了不同企业规模下国际铁矿石价格对粗钢产量的异质性分析结果。所有模型均采用FGLS方法估计，对误差项的组内自相关进行处理，并考虑异方差和截面相关的面板校正标准误差。模型（1）至模型（3）的回归结果表明，国内铁矿石价格与粗钢产量具有显著负向影响。其中，国内钢铁企业固定资产小于5.35亿元的样本中，国内铁矿石价格与粗钢产量在1%水平下显著负相关，估计系数为-0.071；国内钢铁企业固定资产大于5.35亿元小于29.7亿元的样本中，国内铁矿石价格与粗钢产量在5%水平下显著负相关，估计系数为-0.022；国内钢铁企业固定资产大于29.7亿元的样本中，国内铁矿石价格与粗钢产量在1%水平下显著负相关，估计系数为-0.009。稳健性研究结果表明，估计系数和显著性与前文中研究结果较为一致，说明前文的实证分析结果具有稳健性。另外，随着国内钢铁企业规模的增大，国内铁矿石价格波动对国内钢铁产业的静态影响越来越小，规模越大的钢铁企业应对国内铁矿石价格波动风险的能力越强。这表明类似钢铁这

种资本密集型的生产行业，企业规模越大其抗风险能力越强，这与近期国内钢铁产业大规模并购和重组现象相吻合。

模型（4）至模型（6）的回归结果表明，国际铁矿石价格对粗钢产量具有显著负向的静态影响。其中，国内钢铁企业固定资产小于5.35亿元的样本中，国际铁矿石价格与粗钢产量在1%水平下显著负相关，估计系数为-0.136；国内钢铁企业固定资产大于5.35亿元小于29.7亿元的样本中，国际铁矿石价格与粗钢产量在5%水平下显著负相关，估计系数为-0.085；国内钢铁企业固定资产大于29.7亿元的样本中，国际铁矿石价格与粗钢产量在1%水平下显著负相关，估计系数为-0.047。这说明，当国内钢铁企业规模达到一定程度时，随着钢铁企业规模的增大，无论是国内铁矿石价格波动还是国际铁矿石价格波动，对国内钢铁企业的静态影响都会显著降低。另外，国际铁矿石价格波动对国内钢铁企业的影响始终比国内铁矿石价格波动的影响要明显。这对国内钢铁企业具有重要启示：一是通过收购或兼并扩大企业自身规模有利于降低国际、国内铁矿石价格波动的影响，企业规模越大应对铁矿石价格波动风险的能力越强；二是国内钢铁企业在扩大自身规模的同时还需要进一步拓展铁矿石来源渠道，降低国际铁矿石进口依赖度，建立科学、合理的铁矿石采购机制，规避国际铁矿石价格波动带来的风险。

第四节　铁矿石价格波动对钢铁产业的动态影响分析

一、动态影响的实证模型设定

前文中实证分析了铁矿石价格波动对钢铁产业的静态影响，虽然估计结果与理论预期一致，但还需考虑到铁矿石价格波动具有聚集性、延续性等特点。铁矿石价格指数波动在时间序列上表现出聚集性，价格和价格指数通常因时变化，并且在不同时间段的波动起伏差异较大。就铁矿石价格或价格指数而言，当期波动的幅度会影响滞后期的波动幅度，当期铁矿石价格波动越大可能对滞后期的影响也越大，当期铁矿石价格波动幅度与铁矿石价格滞后期的变化高度相关。另外，钢铁企业属于资本密集型行业，产量呈现一定的市场走势，即当期粗钢产量也会受到前一期粗钢产量的影响。因此，考虑设置如下动态面板模型：

$$y_{i,t}=\alpha+\lambda_1 y_{i,t-1}+\beta_1 CNprice_{i,t}+\beta_2 CNprice_{i,t-1}+\beta_3 Control_{i,t}+\varepsilon_{i,t} \quad (6-16)$$

$$y_{i,t}=\alpha+\delta_1 y_{i,t-1}+\gamma_1 Gprice_{i,t}+\gamma_2 Gprice_{i,t-1}+\gamma_3 Control_{i,t}+\varepsilon_{i,t} \quad (6-17)$$

式（6-16）表示国内铁矿石价格波动对粗钢产量的动态影响，式（6-17）表示国际铁矿石价格波动对粗钢产量的动态影响。式中，$y_{i,t}$表示当期粗钢产量；$y_{i,t-1}$表示粗钢产量的滞后一期；$CNprice_{i,t}$表示国内铁矿石当期价格；$CNprice_{i,t-1}$表示国内铁矿石价格的滞后一期；$Gprice_{i,t}$表示国际铁矿石当期价格；$Gprice_{i,t-1}$表示国际铁矿石价格的滞后一期；$Control_{i,t}$表示控制变量；$\varepsilon_{i,t}$表示随机扰动项。

二、铁矿石价格波动对钢铁产业动态影响的实证分析

表 6-12 展示了铁矿石价格波动对钢铁产业动态影响的实证分析结果。模型（1）展示了国内铁矿石价格波动对钢铁产业动态影响的实证分析结果，模型（2）展示了国际铁矿石价格波动对钢铁产业动态影响的实证分析结果。其中，L. *product* 表示粗钢产量的滞后一期，L. *CNprice* 表示国内铁矿石价格的滞后一期，L. *Gprice* 表示国际铁矿石价格的滞后一期。

表 6-12　铁矿石价格波动对钢铁产业动态影响的实证分析结果

变量名称	(1) Sys-GMM	(2) Sys-GMM
L. *product*	0.088*** (3.24)	0.098* (1.76)
CNprice	−0.080*** (−3.27)	

续表

变量名称	(1) Sys-GMM	(2) Sys-GMM
L. *CNprice*	-0.067** (-2.36)	
Gprice		-0.139* (-1.87)
L. *Gprice*		-0.182 (-0.81)
ln*labor*	-3.719*** (-3.46)	-5.066 (-1.60)
ln*capital*	47.744** (2.13)	68.329 (0.39)
ln*fixedasset*	-1.199 (-0.25)	2.441 (0.08)
marketshare	5457.571*** (13.47)	5332.218*** (13.89)
ln*debt*	-38.524** (-2.02)	-59.606 (-0.31)
cprate	-0.104 (-0.02)	-3.731 (-0.12)
sgrate	3.309 (1.25)	6.243 (1.20)
tobinQ	-2.491 (-1.36)	-3.314 -5.066
常数项	-0.785 (-0.14)	-2.016 (-0.23)
N	3000	3000
AR（1）检验 P 值	0.019	0.017
AR（2）检验 P 值	0.063	0.489
Sargan 检验 P 值	1.000	1.000
Wald chi2	6872.41	15920.07

注：***、**、*分别表示在1%、5%、10%水平下显著；括号内为经过异方差调整后的t统计量。

从模型（1）来看，自相关检验结果表明接受“随机扰动项差分的二阶自相关系数为0”的原假设（0.063>0.05），Sargan 检验结果表明接受“所有工具变量都有效”的原假设（1>0.05），说明系统 GMM 模型设定较为合理。粗钢产量的滞后一期与当期粗钢产量在 1%水平下显著正相关，估计系数为 0. 088，说明粗钢产量会受到前一期产量的影响。平均而言，前一期粗钢产量每增加一个单位，当期粗钢产量会相应增加 0. 088 个单位。国内铁矿石当期价格和价格的滞后一期与粗钢产量分别在 1%和 5%水平下显著负相关，估计系数分别为-0. 080 和-0. 067，说明国内铁矿石当期价格和价格的滞后一期均会对粗钢产量产生负向影响，国内铁矿石价格的滞后一期对粗钢产量的影响略小于国内铁矿石当期价格对粗钢产量的影响。

从模型（2）来看，自相关检验结果表明接受“随机扰动项差分的二阶自相关系数为 0”的原假设（0. 489>0. 05），Sargan 检验结果表明接受“所有工具变量都有效”的原假设（1. 000>0. 05），说明系统 GMM 模型设定较为合理。粗钢产量的滞后一期与当期粗钢产量在 10%水平下显著正相关，估计系数为 0. 098，说明粗钢产量会受到前一期产量的影响。平均而言，前一期粗钢产量每增加一个单位，当期粗钢产量会相应增加 0. 098 个单位。

综合模型（1）和模型（2）的回归结果，说明钢铁企业粗钢生产存在一定的黏性，即当期粗钢产量受到前一期粗钢产量的影响，前一期粗钢产量增大当期粗钢产量会相应增加。国际铁矿石价格与粗钢产量在 10%水平下显著负相关，估计系数为-0. 139，而国际铁矿石价格的滞后一期对粗钢产量的影响不显著。从理论分析来看，国际铁矿石价格的滞后一期应该会对粗钢产量产生一定的影响，但估计结果意外发现这种假设不成立。这可能是因为我国钢铁企业生产粗钢的原材料主要依赖国际铁矿石进口，而国内铁矿石作为补充。因此，在国际钢铁需求持续增长的背景下，国内钢铁企业对国内铁矿石价格的当期价格和滞后一期价格都敏感，国内铁矿石价格的滞后一期是钢铁企业当期购买国内铁矿石的价格风向标，会显著影响钢铁企业预期购买国内铁矿石的数量，从而影响粗钢产量。而国际铁矿石进口是国内钢铁企业生产粗钢的主要渠道，钢铁企业只能根据国际铁矿石当期价格，适当调整当期粗钢产量，以保证企业的利润。

第五节　本章小结

本章采用国内钢铁行业上市企业月度粗钢产量和国内、国际铁矿石月度价格指数构建面板数据，分别研究国内、国际铁矿石价格波动对国内钢铁产业的静态影响和动态影响。研究表明，首先，无论是在静态分析还是在动态分析下，国内铁矿石价格和国际铁矿石价格均对粗钢产量具有显著的负向影响，并且国际铁矿石价格对粗钢产量的负向影响比国内铁矿石价格的负向影响强烈。其次，国际铁矿石价格对粗钢产量存在非对称的影响模式，即国际铁矿石价格上涨时对粗钢产量的静态影响比价格下降时的静态影响强烈，与之相对应的是，国内铁矿石价格波动对粗钢产量不存在明显的非对称静态影响。最后，动态影响分析发现粗钢产量具有黏性，国内铁矿石价格的滞后一期对粗钢产量具有显著负向影响。研究结果对我国铁矿石和钢铁产业的启示如下：一是合理推进钢铁企业并购和重组，扩大钢铁企业规模和市场份额，稳固我国钢铁企业的国际市场话语权，以保障国内钢铁供给安全和国际议价能力，从而有效应对国际铁矿石价格波动和极端事件冲击。二是加快国内铁矿石行业的技术升级和扩大企业规模，提高国内铁矿石产量，减少国内铁矿石开采成本，降低国内钢铁行业对国际铁矿石的依赖度。

第七章

研究结论、政策建议和研究展望

第一节　研究结论

本书对铁矿石价格波动展开了系统研究，主要从铁矿石价格波动影响因素、铁矿石价格波动溢出效应、铁矿石价格波动对钢铁产业的影响三个维度具体进行了探讨，结论总结如下。

第一，国内铁矿石产量、铁矿石进口量、国内粗钢产量、Shibor 隔夜拆借利率、铁矿石港口库存、石油价格和海运费均对铁矿石价格波动具有明显影响。针对铁矿石价格波动影响因素，本书采用 MSVAR 模型研究各因素对铁矿石价格波动的影响方向、影响强度和持续时间，并比较在不同的区制状态下，各因素影响方向、影响强度和持续时间的差异性。国内铁矿石产量对铁矿石价格具有显著影响，当铁矿石价格处于下降状态（区制一）时，国内铁矿石产量上升会导致铁矿石价格下降；当铁矿石价格处于平稳状态（区制二）时，国内铁矿石产量上升反而会导致铁矿石价格上升；当铁矿石价格处于上升状态（区制三）时，国内铁矿石产量对铁矿石价格影响围绕零点上下波动。无论是铁矿石价格处于下降、平稳还是上升状态时，铁矿石进口量都对铁矿石价格具有负向影响。而国内粗钢产量则对铁矿石价格具有正向影响，当铁矿石价格处于下降状态时，国内粗钢产量对铁矿石价格的影响程度最大。无论是铁矿石价格处于下降、平稳还是上升状态时，Shibor 隔夜拆借利率对铁矿石价格都有负向影响。投机因素中铁矿石港口库存对铁矿石价格的影响主要体现在会加剧铁矿石价格波动，当铁矿石价格处于下降状态时，库存增加会加速铁矿石价格的下降，当铁矿石价格处于上升状态时，库存增加会加速铁矿石价格的上涨。石油价格和海运费都会对铁矿石价格产生正向影响，且在铁矿石价格处于下降期时影响程度最大，石油价格的影响具有一定的滞后性。

第二，在铁矿石价格波动空间溢出效应方面，进口铁矿石市场和国产铁矿石市场之间存在双向波动溢出效应；在铁矿石价格波动垂直溢出效应方面，存在国内钢铁市场对进口铁矿石市场的单向波动溢出效应，国内钢铁市场和国内铁矿石市场之间存在双向波动溢出效应。针对铁矿石价格波动溢出效应，本书采用 VAR-BEKK-GARCH 模型对铁矿石价格波动空间溢出效应和铁矿石价格波动垂直溢出效应进行了探讨。研究结果表明，在铁矿石价格波动空间溢出效应方面，进口铁矿石价格在 1%的显著性水平下拒绝了不是国产铁矿石价格格兰杰原因的原假设，而国产铁矿石价格接受了不是进口铁矿石价格格兰杰原因的原假设，说明存在进口铁矿石市场对国产铁矿石市场的单向均值溢出效应。同时，进口铁矿石市场和国产铁矿石市场之间在波动溢出效应方面，在 $a_{12}=b_{12}=0$，$a_{21}=b_{21}=0$ 和 $a_{12}=b_{12}=0$、$a_{21}=b_{21}=0$ 三个原假设条件下，Wald 检验均能在 1%的水平下拒绝原假设，说明进口铁矿石市场和国产铁矿石市场之间存在双向波动溢出效应。在产业链视角下，在铁矿石价格波动溢出效应方面，进口铁矿石价格接受了不是国内钢材价格格兰杰原因的原假设，而国内钢材价格在 10%的显著性水平下拒绝了不是进口铁矿石价格格兰杰原因的原假设，存在国内钢铁市场对进口铁矿石市场的单向均值溢出效应，而国产铁矿石价格接受了不是国内钢材价格格兰杰原因的原假设，国内钢铁价格同样接受了不是国产铁矿石价格格兰杰原因的原假设，国内钢铁市场和国内铁矿石市场之间不存在均值溢出效应。同时，国内钢铁市场和进口铁矿石市场之间在波动溢出效应方面，在 $a_{12}=b_{12}=0$，$a_{21}=b_{21}=0$ 和 $a_{12}=b_{12}=0$、$a_{21}=b_{21}=0$ 三个原假设条件下，Wald 检验仅不能拒绝 $a_{12}=b_{12}=0$ 的原假设，说明存在国内钢铁市场对进口铁矿石市场的单向波动溢出效应；而国内钢铁市场和国内铁矿石市场之间在波动溢出效应方面，在 $a_{12}=b_{12}=0$，$a_{21}=b_{21}=0$ 和 $a_{12}=b_{12}=0$、

$a_{21}=b_{21}=0$ 三个原假设条件下，Wald 检验均能在 1%的水平下拒绝原假设，说明国内钢材市场和国内铁矿石市场之间存在双向波动溢出效应。

第三，国际铁矿石价格波动和国内铁矿石价格波动均对国内钢铁企业的钢铁产量具有显著负向影响，国际铁矿石价格波动对国内钢铁企业粗钢产量的影响要比国内铁矿石价格波动对其影响明显。另外，国际铁矿石价格波动对国内钢铁企业粗钢产量存在非对称影响。具体而言，静态影响实证模型回归结果表明，铁矿石价格波动对国内钢铁企业粗钢产量具有明显负向影响。国内铁矿石价格与钢铁企业粗钢产量在 5%水平下显著负相关，估计系数为-0.089。平均而言，国内铁矿石价格每上涨或下降一个单位，钢铁企业粗钢产量会相应减少或增加 0.089 个单位，因此国内铁矿石价格波动对钢铁企业粗钢产量具有显著的负向影响。国际铁矿石价格与钢铁企业粗钢产量在 1%水平下显著负相关，估计系数为-0.141。平均而言，国际铁矿石价格每上涨或下降一个单位，钢铁企业粗钢产量会相应减少或增加 0.141 个单位，因此国际铁矿石价格波动对钢铁企业粗钢产量也存在明显的负向影响。

动态影响实证模型回归结果表明，国内铁矿石当期价格和滞后一期价格对国内钢铁企业粗钢产量存在显著负向影响，国际铁矿石当期价格对国内钢铁企业粗钢产量存在显著负向影响。国内铁矿石当期价格和滞后一期价格与国内钢铁企业粗钢产量在 1%和 5%水平下显著负相关，估计系数分别为-0.080 和-0.067，说明国内铁矿石当期价格和价格的滞后一期均会对钢铁企业粗钢产量产生负向影响。国际铁矿石价格与国内钢铁企业粗钢产量在 10%水平下显著负相关，估计系数为-0.139，而国际铁矿石价格的滞后一期对钢铁企业粗钢产量的影响不显著。另外，国内钢铁企业粗钢产量的滞后一期与钢铁企业当期粗钢产量在 1%水平下显著正相关，国内钢铁企业的粗钢产量会受到前一期产量的影响，国内钢铁企业前一期粗钢产量的增加会引起当期粗钢产量增加。整体而言，国际铁矿石价格波动对国内钢铁企业粗钢产量的影响比国内铁矿石价格波动对其的影响明显。在静态影响分析中，国内铁矿石价格对国内钢铁企业粗钢产量的估计系数为-0.089，而国际铁矿石价格对国内钢铁企业粗钢产量的估计系数为-0.141。国际铁矿石价格波动的影响比国内铁矿石价格波动的影响高出5个百分点左右。在动态影响分析中，国内铁矿石当期价格和滞后一期价格对国内钢铁企业粗钢产量的估计系数分别为-0.080和-0.067，国际铁矿石价格对国内钢铁企业粗钢产量的估计系数为-0.139。国际铁矿石价格波动的影响比国内铁矿石价格波动的影响高出6个百分点左右。

国际铁矿石价格波动对国内钢铁企业粗钢产量的影响存在非对称性。国内铁矿石上涨期内，国内铁矿石价格与钢铁企业粗钢产量显著负相关，估计系数为-0.022。平均而言，铁矿石价格每上涨一个单位，钢铁企业粗钢产量就相应减少0.022个单位。在国际铁矿石上涨期内，国际铁矿石价格与钢铁企业粗钢产量显著负相关，估计系数为-0.153。平均而言，国际铁矿石价格每上涨一个单位，钢铁企业粗钢产量相应减少0.153个单位。国内铁矿石下降期内，国内铁矿石价格与钢铁企业粗钢产量显著负相关，估计系数为-0.02。平均而言，国内铁矿石价格每下降一个单位，钢铁企业粗钢产量相应增加0.02个单位。在国际铁矿石价格下降期内，国际铁矿石价格与钢铁企业粗钢产量显著负相关，估计系数为-0.114。平均而言，国际铁矿石价格每下降一个单位，钢铁企业粗钢产量相应增加0.114个单位。对于国际铁矿石价格波动，价格上涨时铁矿石价格对国内钢铁企业粗钢产量的影响比价格下降时的影响强烈，而对于国内铁矿石价格波动，这种非对称影响不明显。

稳健性分析结果表明，在国内钢铁企业规模不同时，国内、国际铁矿石价格对国内钢铁企业粗钢产量的负向影响具有明显差异。其中，国内钢铁企业固定资产小于5.35亿元的样本中，国内铁矿石价格与国内钢铁企业粗钢产量在1%水平下显著负相关，估计系数为-0.071；国际铁矿石价格与国内钢铁企业粗钢产量在1%水平下显著负相关，估计系数为-0.136。国内钢铁企业固定资产大于5.35亿元小于29.7亿元的样本中，国内铁矿石价格与国内钢铁企业粗钢产量在5%水平下显著负相关，估计系数为-0.022；国际铁矿石价格与国内钢铁企业粗钢产量在5%水平下显著负相关，估计系数为-0.085。国内钢铁企业固定资产大于29.7亿元的样本中，国内铁矿石价格与国内钢铁企业粗钢产量在1%水平下显著负相关，估计系数为-0.009；国际铁矿石价格与国内钢铁企业粗钢产量在1%水平下显著负相关，估计系数为-0.047。这说明，当国内钢铁企业规模达到一定程度时，无论是国内铁矿石价格波动还是国际铁矿石价格波动，对国内钢铁企业的负向影响都会显著降低。

第二节　政策建议

第一，防范铁矿石价格领域的输入性风险，提升国内铁矿石供给保障能力。

根据本书第四章的研究结果，铁矿石价格波动不仅受自身供需因素的影响，同时也受金融因素、投机因素和成本因素的影响，因此铁矿石价格容易出现大幅上涨和大幅下降的情况。铁矿石产品是国民经济建设的重要原材料之一，其价格剧烈波动严重威胁我国经济平稳、高质量运行。针对这种情况，我国应平抑铁矿石价格领域的输入性风险，充分利用国内铁矿石资源，保障国内铁矿石产品供给。一是拓展铁矿石进口多元化渠道，推动国际铁矿石交易人民币结算体系建设。以“一带一路”倡议为基础，与“一带一路”合作伙伴签订铁矿石贸易合作伙伴战略，拓宽国际铁矿石进口渠道。推动国际铁矿石交易人民币结算方式，降低美元加息所导致的衰退风险和不确定性风险，节省我国铁矿石进口贸易的交易成本。二是明确铁矿石国内生产自给的战略底线，发挥国有企业支撑托底作用，加快铁矿石资源先进开采技术的开发应用。开展我国现有铁矿石资源的储量、后备储量、开采条件等情况综合评价，有步骤、有重点地推进我国铁矿石资源的开发利用，通过政策引导民间资本介入铁矿石资源开发的市场运作。构建矿产资源的长期生产规划，进一步健全国内铁矿石产品生产体系，将铁矿石资源保障工程列入国家重点建设工程，全力推进矿山资源持续开发。三是加强国家铁矿石战略物资储备制度建设，在关键时刻发挥保底线的调节作用，形成“企业—政府”合作的铁矿石多元储备制度。

第二，加快国内铁矿石采掘行业技术升级，推进国内铁矿石采掘企业并购重组。

根据本书第五章的实证结果，国内铁矿石价格易受进口铁矿石价格影响。现阶段，我国铁矿石品位低、分布广、开采成本高，国内铁矿石采掘成本远高于其他铁矿石出口国。由此造成国内钢铁企业高度依赖铁矿石进口，国内铁矿石的市场份额较小，国内铁矿石采掘企业难以与国际铁矿石出口企业竞争。面对国际钢铁需求的持续增长，应加快国内铁矿石采掘行业技术升级。一是国内铁矿石采掘行业应加大铁矿石勘查力度，实施新一轮找矿突破战略行动，提高铁矿石资源开发保护水平。加快中小型矿山的兼并重组，建设大型矿山生产基地，促进矿产资源企业更好地发掘现有矿山产能潜力，合理规划开采进度，提升资源综合利用率。加快探矿、采矿技术数字化和技术升级，提高探矿、采矿效率，降低探矿、采矿成本。二是合理推进国内铁矿石采掘企业的并购和重组，兼并或收购铁矿石采掘中、小企业，扩大铁矿石采掘企业的规模，促进国有大型铁矿石采掘企业资本的增值和保值，扩大国内铁矿石采掘企业的市场份额，保障铁矿石的供给安全。

第三，加快构建国内钢铁企业原材料价格风险管理体系。

根据本书第六章的实证结果，国内铁矿石价格波动和国际铁矿石价格波动均对国内钢铁企业粗钢产量具有负向影响。我国钢铁企业铁矿石进口主要依赖澳大利亚、巴西等少数国家，铁矿石进口价格受澳大利亚、巴西等少数国家的铁矿石贸易政策和地缘政治的影响，国内钢铁企业缺乏铁矿石定价话语权。国内钢铁企业应系统构建更为有效、科学的铁矿石价格波动风险管理体系，应对和管理国内、国际铁矿石价格波动风险。一是成立铁矿石价格风险管理委员会。国内钢铁企业在管理层面要加强顶层设计，建立铁矿石价格风险管理委员会，委员会成员涵盖销售、采购、财务、风控、物流等环节的人员，负责统筹管理铁矿石价格波动带来的风险，为企业风险管理提供具体政策的实施监管。二是对铁矿石生产和贸易进行套期保值。国内钢铁企业有必要对铁矿石现货市场进行部分套期保值，以降低铁矿石价格波动带来的原材料供给风险，利用铁矿石期货市场应对冲铁矿石现货价格波动风险。三是加快铁矿石供应商多元化，加强铁矿石供应商履约能力管理。为应对国际铁矿石价格波动风险，国内钢铁企业首先应加快国际铁矿石供应商多元化，统筹好国内、国际两个铁矿石市场，促进与其他国家的资源合作，提高国际铁矿石价格的定价话语权。四是建立铁矿石供应商的履约管理体系。国内钢铁企业与铁矿石供应商签约时应设置履约保证金，避免铁矿石供应商违约，同时甄选优质的铁矿石供应商，降低铁矿进口价格波动风险。

第四，合理推动国内钢铁企业并购重组，打造具有代表性的钢铁龙头企业。

本书第六章的实证结果表明，国内钢铁企业规模的扩大能有效降低国际铁矿石价格波动和国内铁矿石价格波动对国内钢铁企业的冲击，固定资产大于 29. 7 亿元的钢铁企业比固定资产小于 5. 35 亿元的企业受到国际、国内铁矿石价格波动的影响低 10 倍左右。2021 年，国内钢铁产量前十位的企业市场占有率为 41. 5%，而美国、日本、欧盟前四大钢铁企业市场占有率分别为 65%、75%、73%，我国钢铁行业的市场集中程度还有较大提升空间，因此应推动国内钢铁企业合理并购重组。一是政府应出台相关政策，鼓励国内钢铁企业并购重组，打造具有代表性的钢铁龙头企业，整合国内铁矿石的进口业务，减少国内钢铁企业之间的同质化竞争，争取在对外采购中获取更多主动权，促进铁矿石价格平稳运行。二是发挥国内钢铁龙头企业的带动作用，淘汰落后产能和技术，提高铁矿石利用效率，加大短流程炼钢工艺推广力度，促进钢铁行业高质量发展。

第三节 研究展望

本书选取战略性关键矿产中最广泛使用的铁作为研究对象，运用计量经济学、资源环境经济学等的相关理论和方法对其价格波动影响因素、价格波动溢出效应、价格波动对下游产业的影响进行了全面研究，但由于笔者知识储备和相关数据、资料的局限，本书仍存在许多不足之处。结合本书的研究过程，本书存在的不足以及可以拓展的空间主要有以下几个方面。

第一，对铁矿石价格波动影响因素的研究中应该纳入更多变量。本书从非线性视角探究铁矿石价格波动规律与机理，选取 MSVAR 模型为研究方法，但是，由于该模型本身对于变量个数的要求及不同变量个数估计效果的限制，本书仅选用了 8 个变量，而价格的波动背后是复杂的博弈，往往还需要考虑替代品和互补品的价格等。因此，部分变量肯定有所遗漏。随着国内统计数据不断完善，以及前沿方法的不断创新，在考虑非线性的基础上，该问题可能会得到有效改善，研究结论也会更有参考价值。

第二，在铁矿石价格波动对钢铁产业的影响研究方面，鉴于数据的可得性，本书采用国内钢铁行业上市企业数据构建面板数据，经过筛选和数据处理，保留了 33 家钢铁上市企业数据，基本可以有效代表国内钢铁产业，但仍有部分大型钢铁企业并未选择上市，比如青山控股集团有限公司，未来可以通过数据获取渠道的扩宽与加深对这方面进行完善。同时，由于研究侧重问题，即大背景是关注初级产品的有效稳定供给，被解释变量选取的是粗钢产量，将来可以增加其他变量以更全面地了解铁矿石价格波动对钢铁产业的影响。

第三，研究视角可以扩展到战略性关键矿产中的其他矿产，特别是对于高科技和能源转型特别重要的关键金属矿产。当今世界各国都致力于抢占科技制高点和实现能源转型，对这些关键金属矿产的争夺更加激烈，这些关键金属矿产的价格问题也更加突出。同时，这些关键金属矿产往往具有产量小、产量集中和循环利用的特征，把这些关键金属矿产固有的特征纳入现有的矿产资源价格波动研究框架中，具有重要的科学意义。

参 考 文 献

［1］白玫．深化能源价格改革：规律、目标与路径选择［J］．价格理论与实践，2014（4）：5-9.

［2］蔡纯．石油价格波动金融影响因素的实证研究：基于月度数据的VAR 模型分析［J］．价格理论与实践，2009（10）：52-53.

［3］陈国进，许德学，陈娟．我国股票市场和外汇市场波动溢出效应分析［J］．数量经济技术经济研究，2009，26（12）：109-119.

［4］丁志华，赵洁，周梅华．基于 VEC 模型的煤炭价格影响因素研究［J］．经济问题，2011（3）：45-48.

［5］丁志华，冯猜猜，刘振华．我国煤炭价格波动及其因素研究：基于通径分析理论［J］．价格理论与实践，2015（9）：33-35.

［6］董直庆，王林辉．我国通货膨胀和证券市场周期波动关系：基于小波变换频带分析方法的实证检验［J］．中国工业经济，2008（11）：35-44.

［7］方燕，李美．国际石油价格波动影响因素的实证分析［J］．价格理论与实践，2012（7）：61-62.

［8］费兆奇，刘康．金融开放条件下国债市场的波动溢出和风险定价研究［J］．经济研究，2020，55（9）：25-41.

［9］冯猜猜．基于动静态视角的煤炭价格波动机理及我国煤炭企业应对策略研究［D］．徐州：中国矿业大学，2017.

［10］高金余，刘庆富．伦敦与上海期铜市场之间的信息传递关系研

究［J］. 金融研究，2007（2）：63-73.

［11］高兴佑，郭昀. 可持续发展观下的自然资源价格构成研究［J］. 资源与产业，2010，12（2）：129-133.

［12］高阳. 国际原油价格波动对我国股市风险溢出效应研究［D］. 深圳：深圳大学，2019.

［13］龚奂彰，黄秀玉. 钢铁行业碳减排技术应用与展望［J］. 中国冶金，2021，31（9）：53-58.

［14］顾夏铭，陈勇民，潘士远. 经济政策不确定性与创新：基于我国上市企业的实证分析［J］. 经济研究，2018，53（2）：109-123.

［15］谷耀，陆丽娜. 沪、深、港股市信息溢出效应与动态相关性：基于 DCC-（BV）EGARCH-VAR 的检验［J］. 数量经济技术经济研究，2006（8）：142-151.

［16］关晓锋，李如忠，黄佳强，等. 中国露天铁矿开采发展趋势展望［J］. 现代矿业，2012（6）：53-55.

［17］郭璐，韩立岩，李东辉. 交叉上市的信息传递及整合性：股改前后的变化：来自沪市 A、B 股的证据［J］. 管理世界，2009（1）：29-37.

［18］郭尧琦. 分型市场下有色金属价格波动问题研究：以铜铝为例［D］. 长沙：中南大学，2012.

［19］韩立岩，尹立博. 投机行为还是实际需求：国际大宗商品价格影响因素的广义视角分析［J］. 经济研究，2012（12）：83-96.

［20］何启志，张晶，范从来. 国内外石油价格波动性溢出效应研究［J］. 金融研究，2015（8）：79-94.

［21］洪水峰，张亚. 金融化背景下国际铁矿石巨头垄断利润研究［J］. 中国矿业，2019，28（3）：8-13+27.

［22］侯佳贝. 国际石油价格波动及其对中国经济影响研究［D］. 长春：吉林大学，2016.

[23] 华仁海，刘庆富．国内外期货市场之间的波动溢出效应研究[J]．世界经济，2007（6）：64-74.

[24] 黄蕊，蔡伟志．国际石油价格波动对俄罗斯经济的影响 [J]．税务与经济，2016（5）：65-70.

[25] 贾国锋，王仁财．世界铁矿石资源分布及我国投资方向分析[J]．中国矿业，2011，20（1）：10-13+22.

[26] 姜勇．国际原油市场的时变异质非线性溢出效应研究 [D]．长沙：湖南大学，2019.

[27] 况秋华，刘春学，尹昊．双循环背景下有色金属矿产品国际价格波动影响因素研究：以铜、锡为例 [J]．价格月刊，2021（9）：1-9.

[28] 李茂权．中国废钢市场现状分析及前景预测 [J]．冶金经济与管理，2021（3）：21-22.

[29] 李红权，洪永淼，汪寿阳．我国 A 股市场与美股、港股的互动关系研究：基于信息溢出视角 [J]．经济研究，2011，46（8）：15-25+37.

[30] 李莉．近期铁矿石现货价格波动影响因素研究：兼议客观看待期货市场价格发现功能 [J]．价格理论与实践，2017（7）：134-136.

[31] 李华，董媛媛，王宾．我国进口铁矿石价格变动的影响因素及实证分析 [J]．统计与决策，2017（10）：124-127.

[32] 李朋林，梁露露．基于 BP 神经网络的煤炭价格影响因素及预测研究 [J]．数学的实践与认识，2015，45（17）：113-126.

[33] 李智，林伯强，许嘉峻．基于 MSVAR 的国际原油期货价格变动研究 [J]．金融研究，2014（1）：99-109.

[34] 李竹芸．国际原油价格波动对我国股市的影响研究：基于不同行业的分析 [J]．金融经济，2020（4）：54-56.

[35] 刘春长．我国铁矿石供需态势分析与国际定价权争取策略研究[J]．宏观经济研究，2011（12）：41-48.

[36] 刘静萍，郑国强．当前国际铁矿石市场的供给垄断趋势 [J].

经济研究参考，2011（6）：25-26.

［37］刘宁．国际石油价格影响因素研究［D］．武汉：华中科技大学，2009.

［38］刘庆富，华仁海．中国股指期货与股票现货市场之间的风险传递效应研究［J］．统计研究，2011，28（11）：84-90.

［39］刘颖．世界石油价格波动的影响因素浅析［J］．价格月刊，2013（2）：1-4.

［40］刘宇宁．应着力解决我国大宗商品国际定价权缺失问题［J］．经济纵横，2013（10）：32-34.

［41］卢延纯，赵公正，左更，等．破解铁矿石价格困境构建钢铁产业新发展格局［J］．价格理论与实践，2021（1）：4-9.

［42］米家鑫，张绍良，侯湖平，等．煤炭去产能对矿区生态环境的影响研究［J］．中国矿业，2017，26（8）：86-92.

［43］穆红莉．环境资源定价及其实现途径：基于边际机会成本定价理论［J］．价格理论与实践，2012（12）：34-35.

［44］牟小刚，马杰．我国铁矿石进口价格形成机制的经济学分析及对钢铁行业的启示［J］．中国矿业，2014，23（3）：49-52.

［45］潘慧峰，周建，张金水．石油市场波动溢出模型研究［J］．中国软科学，2005（8）：152-157.

［46］潘昭帅，张照志，杨巍，等．铁矿石主流定价工具的比较研究：兼析铁矿石定价机制的演进发展［J］．价格理论与实践，2020（7）：85-88.

［47］齐绍洲，林屾，崔静波．环境权益交易市场能否诱发绿色创新：基于我国上市企业绿色专利数据的证据［J］．经济研究，2018，53（12）：129-143.

［48］齐银山．国际石油价格波动与我国经济安全的关系研究［D］．北京：北京交通大学，2011.

[49] 全世文，曾寅初，毛学峰．运输成本可以解释空间市场整合中的交易成本吗：来自中国小麦和玉米市场的证据 [J]．中国农村观察，2015 (1)：15-29+93.

[50] 钱成．铁矿石定价机制研究 [D]．上海：东华大学，2013.

[51] 上官方钦，郦秀萍，周继程，等．中国废钢资源发展战略研究 [J]．钢铁，2020，55 (6)：8-14.

[52] 邵留国，许自花，张仕璟．新市场格局下铁矿石价格影响因素研究 [J]．管理评论，2018，30 (2)：13-24+41.

[53] 盛文林．最经典的经济学常识 [M]．北京：台海出版社，2011.

[54] 宋丽颖，王琰．公平视角下矿产资源开采收益分享制度研究 [J]．中国人口·资源与环境，2016，26 (1)：70-76.

[55] 苏梦颖．中国煤炭能源国际定价权研究 [D]．成都：西南财经大学，2020.

[56] 苏杨．由矿产资源价格形成机制引申 [J]．改革，2010 (8)：138-140.

[57] 唐衍伟．中国煤炭资源消费状况与价格形成机制研究 [J]．资源科学，2008 (4)：554-559.

[58] 王德运，黄运琴，成金华，等．有色金属价格波动的溢出效应：源自中国工业经济多个不同阶段的非线性分析 [J]．工业技术经济，2021，40 (6)：126-133.

[59] 王迪，张言方，殷琴，等．中国煤价格波动成因及其价格发现能力研究 [J]．资源科学，2013，35 (8)：1643-1650.

[60] 王军．我国能源价格改革的机制探讨 [J]．经济问题，2013 (10)：43-47.

[61] 王江，杨霜依，刘亚寅．水资源管理与保护的域外经验探析 [J]．环境保护，2014，42 (4)：36-38.

[62] 王良，李璧肖，马续涛，等．中国原油期货与国际原油期货的

价格波动溢出效应及其持续性：基于 BEKK-MGARCH 模型的研究［J］．系统工程，2021，39（3）：102-120.

［63］王磊，史平，韩冰，等．稀缺资源对外贸易中的价格波动因素分析［J］．资源与产业，2018，20（5）：83-89.

［64］王明喜，王明荣，谢海滨，等．博弈论视角下我国铁矿石进口价格谈判的长短期均衡［J］．管理评论，2012，24（9）：11-18.

［65］王然，王晶，姜久华，等．生态补偿费对煤炭价格影响的实证研究［J］．国土资源科技管理，2022，39（1）：20-29.

［66］王延伟，景晓真．我国煤炭价格走势及其影响因素实证分析［J］．价格理论与实践，2016（6）：114-117.

［67］王晓波．我国铁矿行业“十三五”中期回顾及“十四五”展望［J］．冶金经济与管理，2019（4）：4-6.

［68］王旭．钢铁行业环境污染现状及改进措施［J］．中国环保产业，2019（3）：25-26.

［69］王岩，邢树文，张增杰，等．我国查明低品位铁矿石资源储量分析［J］．矿产综合利用，2014（5）：15-17.

［70］王玉，郇志坚．欧盟碳排放权交易市场的价格发现和波动溢出研究［J］．中国人口·资源与环境，2012，22（S1）：244-249.

［71］吴超鹏，唐菂．知识产权保护执法力度、技术创新与企业绩效：来自中国上市企业的证据［J］．经济研究，2016，51（11）：125-139.

［72］吴海霞，王静，RAUSSER. 原油、玉米、燃料乙醇市场波动溢出效应分析［J］．中国农村经济，2013（2）：71-82.

［73］吴翔．国际原油价格波动与我国经济增长内在关联机制的计量研究［D］．长春：吉林大学，2009.

［74］吴新春．中国铁矿石资源供应安全研究［D］．武汉：武汉理工大学，2011.

［75］肖汪魁．基于 Copula-CoVaR 的国际能源期货市场风险溢出效应

研究［D］. 长沙：长沙理工大学，2020.

［76］熊鹏，潘开灵. 中国钢铁行业市场集中度分析［J］. 商场现代化，2006（17）：220.

［77］徐广平，崔彬. 国际铁矿石价格形成的经济分析及对策建议［J］. 中国矿业，2019，28（S2）：80-84.

［78］徐海涛，张军，刘格格，等. 再生资源产业投资与价格波动、行业信息冲击关系研究：以废纸为例［J］. 金融理论与实践，2020（1）：41-48.

［79］玄海燕，刘鹏呈，李鸿渐. 国际原油价格波动对中国行业指数的溢出效应［J］. 价格月刊，2021（7）：26-33.

［80］杨璇. 我国大宗商品价格波动溢出效应研究：基于 DAG 和网络拓扑方法［D］. 广州：暨南大学，2020.

［81］杨子晖，周颖刚. 全球系统性金融风险溢出与外部冲击［J］. 中国社会科学，2018（12）：69-90+200-201.

［82］姚聪林，朱红春，姜周华，等. 全废钢连续加料电弧炉短流程碳排放计算及分析［J］. 材料与冶金学报，2020，19（4）：259-264.

［83］叶海燕，李锦. 我国进口铁矿石价格影响因素的分析［J］. 经济问题探索，2012（10）：119-122+155.

［84］尤喆. 矿产品国际价格波动的成因及传导效应研究［D］. 武汉：中国地质大学，2019.

［85］尤喆，成金华，吴桐，等. 定价机制转型对铁矿石价格波动的影响［J］. 资源科学，2020，42（8）：1604-1613.

［86］于左，闫自信，彭树宏. 中国进口铁矿石定价权缺失与反垄断政策［J］. 财经问题研究，2015（12）：30-37.

［87］张兵，范致镇，李心丹. 中美股票市场的联动性研究［J］. 经济研究，2010，45（11）：141-151.

［88］张程，范立夫. 大宗商品价格影响与货币政策权衡：基于石油

的金融属性视角［J］. 金融研究，2017（3）：72-85.

［89］张建英. 我国煤炭价格影响因素的 VAR 模型分析［J］. 经济问题，2016（1）：108-112.

［90］张侃，耿纪东. 能源价格形成机制改革措施建议［J］. 经济研究参考，2016（66）：37-37.

［91］张朋，彭明生，欧阳兆灼，等. 辽宁鞍本地区铁矿床地质特征及找矿标志分析［J］. 地质与资源，2012，21（6）：516-521.

［92］张文龙，张静茹，张弦. 煤炭价格波动成因：基于金融与非金融结合的视角［J］. 价格理论与实践，2016（2）：116-119.

［93］张艳飞，郑国栋，陈其慎，等. 后疫情时期全球铁矿石资源格局分析［J］. 地球学报，2021，42（2）：209-216.

［94］赵宏军，陈秀法，何学洲，等. 全球铁矿床主要成因类型特征与重要分布区带研究［J］. 中国地质，2018，45（5）：890-919.

［95］赵佳伟，王东，赵伟. 化解三大矛盾促进钢铁产业可持续发展［J］. 华北理工大学学报（社会科学版），2016，16（4）：36-40.

［96］赵立群，王春女，张敏，等. 中国铁矿石资源勘查开发现状及供需形势分析［J］. 地质与勘探，2020，56（3）：635-643.

［97］赵留彦，王一鸣. A、B 股之间的信息流动与波动溢出［J］. 金融研究，2003（10）：37-52.

［98］赵美田. 基于安全的能源价格改革研究［J］. 中国煤炭，2011，37（5）：32-36.

［99］赵一鸣. 中国主要富铁矿床类型及地质特征［J］. 矿床地质，2013，32（4）：686-705.

［100］中华人民共和国自然资源部. 中国矿产资源报告 2021［R］. 北京：地质出版社.

［101］钟美瑞，谌杰宇，黄健柏，等. 基于 MSVAR 模型的有色金属价格波动影响因素的非线性效应研究［J］. 中国管理科学，2016，24

(4)：45-53.

[102] 朱灏，全继业．铁矿石国际贸易价格机制及调控策略研究[J]. 中国软科学，2012（3）：49-59.

[103] 朱向莹．影响国际石油价格波动的非经济因素研究[D]. 武汉：武汉工程大学，2014.

[104] ABASS M W. Volatility spillovers among developed and developing countries：the global foreign exchange markets [J]. Journal of Risk and Financial Management，2021，14（6）：270-270.

[105] AKHMAD A，ROMADHONI B，KARIM K，et al. The impact of fuel oil price fluctuations on Indonesia's macro economic condition [J]. International Journal of Energy Economics and Policy，2019，9（2）：277.

[106] AKKEMIK K A. Potential impacts of electricity price changes on price formation in the economy：a social accounting matrix price modeling analysis for Turkey [J]. Energy Policy，2011，39（2）：864-864.

[107] AL-MAAMARY H M，KAZEM H A，CHAICHAN M T. The impact of oil price fluctuations on common renewable energies in GCC countries [J]. Renewable and Sustainable Energy Reviews，2017（75）：989-1007.

[108] ALOUI C，NGUYEN D K，NJEH H. Assessing the impacts of oil price fluctuations on stock returns in emerging markets [J]. Economic Modelling，2012，29（6）：2686-2695.

[109] ALVAREZ-RAMIREZ J，CISNEROS M，IBARRA-VALDEZ C，et al. Multifractal hurst analysis of crude oil prices [J]. Physica A：Statistical Mechanics and its Applications，2002，313（3-4）：651-670.

[110] AN Y，SUN M，GAO C，et al. Analysis of the impact of crude oil price fluctuations on China's stock market in different periods—Based on time series network model [J]. Physica A：Statistical Mechanics and its Applications，2018（492）：1016-1031.

［111］ APERGIS N， REZITIS A. Agricultural price volatility spillover effects： the case of Greece ［J］. European Review of Agricultural Economics，2003，30 （3）：389-406.

［112］ APERGIS N， REZITIS A. Food price volatility and macroeconomic factor volatility：“heat waves” or “meteor showers”? ［J］. Applied Economics Letters，2003，10 （3）：155-160.

［113］ ARAGÓ V， CORREDOR P， SANTAMARÍA R. Transaction costs， arbitrage， and volatility spillover：a note ［J］. International Review of Economics and Finance，2003，12 （3）：399-415.

［114］ BAI J， LI S， WANG N， et al. Spatial spillover effect of new energy development on economic growth in developing areas of China—An empirical test based on the spatial Dubin model ［J］. Sustainability，2020，12 （8）：3249.

［115］ BARRETT C B， LI J R. Distinguishing between equilibrium and integration in spatial price analysis ［J］. American Journal of Agricultural Economics，2002，84 （2）：292-307.

［116］ BATOR F M. The anatomy of market failure ［J］. The quarterly journal of economics，1958，72 （3）：351-379.

［117］ BAULCH B. Transfer costs， spatial arbitrage and testing for food market integration ［J］. American Journal of Agricultural Economics，1997，79 （2）：477-487.

［118］ BAUMEISTER C， KILIAN L. Forty years of oil price fluctuations： why the price of oil may still surprise us ［J］. Journal of Economic Perspectives， 2016，30 （1）：139-160.

［119］ BECKERT J. Where do prices come from? Sociological approaches to price formation ［J］. Socio-Economic Review，2011，9 （4）：757-786.

［120］ BLUNDELL R， BOND S. Initial conditions and moment restrictions in dynamic panel data models [J]. Journal of Econometrics, 1998, 87 (1): 115-143.

[121] BLYTH W, BUNN D, KETTUNEN J, et al. Policy interactions, risk and price formation in carbon markets [J]. Energy Policy, 2009, 37 (12): 5192-5207.

[122] BODENSTEIN M, GUERRIERI L, KILIAN L. Monetary policy responses to oil price fluctuations [J]. IMF Economic Review, 2012, 60 (4): 470-504.

[123] BOLLERSLEV T. Generalized autoregressive conditional heteroskedasticity [J]. Journal of Econometrics, 1986, 31 (3): 307-327.

[124] BOOTH G G, MARTIKAINEN T, TSE Y. Price and volatility spillovers in Scandinavian stock markets [J]. Journal of Banking and Finance, 1997, 21 (6): 811-823.

[125] BUSSE S, BRÜMMER B, IHLE R. August. Price formation in the German biodiesel supply chain: a Markov-switching vector error-correction modeling approach [J]. Agricultural Economics, 2012, 43 (5): 545-560.

[126] CALDARA D, CAVALLO M, IACOVIELLO M. Oil price elasticities and oil price fluctuations [J]. Journal of Monetary Economics, 2019 (103): 1-20.

[127] CHANG Y, WONG J F. Oil price fluctuations and Singapore economy [J]. Energy policy, 2003, 31 (11): 1151-1165.

[128] CHEVALLIER J, LELPO F. Volatility spillovers in commodity markets [J]. Applied Economics Letters, 2013, 20 (13): 1211-1227.

[129] COASE R H. The problem of social cost [J]. The journal of Law and Economics, 2013, 56 (4): 837-877.

[130] CORBET S, GOODELL J W, GÜNAY S. Co-movements and spillovers of oil and renewable firms under extreme conditions: new evidence from

negative WTI prices during COVID - 19 [J]. Energy Economics, 2020, 92: 104978.

[131] DING Z, LIU Z, ZHANG Y, et al. The contagion effect of international crude oil price fluctuations on Chinese stock market investor sentiment [J]. Applied Energy, 2017 (187): 27-36.

[132] DWYER A, GARDNER G, WILLIAMS T. Global commodity markets - price volatility and financialisation [J]. RBA Bulletin, 2011 (6): 49-57.

[133] ELTONY M N, AL-AWADI M. Oil price fluctuations and their impact on the macroeconomic variables of Kuwait: a case study using a VAR model [J]. International Journal of Energy Research, 2001, 25 (11): 939-959.

[134] ENGLE R F. Autoregressive conditional heteroscedasticity with estimates of the variance of U. K. inflation [J]. Econometrica: Journal of the Econometric Society, 1982, 50 (4): 987-1008.

[135] ENGLE R F, ITO T, LIN W L. Meteor showers or heat waves? Heteroskedastic intra-daily volatility in the foreign exchange market [J]. Econometrica, 1990, 58 (3): 525-542.

[136] ENGLE R F, KRONER K F. Multivariate simultaneous generalized ARCH [J]. Econometric theory, 1995, 11 (1): 122-150.

[137] FACKLER P L, GOODWIN B. Spatial price analysis [M]. In: Handbook of Agricultural Economics, Volume 1, Chapter 17, Amsterdam, The Netherlands, 2001.

[138] FAN Y, ZHANG Y J, TSAI H T, et al. Estimating "value at Risk" of crude oil price and its spillover effect using the GED-GARCH approach [J]. Energy Economics, 2008, 30 (6): 3156-3171.

[139] GONG X, SHI R, XU J, et al. Analyzing spillover effects between carbon and fossil energy markets from a time-varying perspective [J]. Applied

Energy, 2021 (285): 116384.

[140] GRANGER C W. Investigating causal relations by econometric models and cross-spectral methods [J]. Econometrica: journal of the Econometric Society, 1969, 37 (3): 424-438.

[141] GU F, WANG J, GUO J, et al. Dynamic linkages between international oil price, plastic stock index and recycle plastic markets in China [J]. International Review of Economics and Finance, 2020 (68): 167-179.

[142] HAIGH M S, HOLT M T. Crack Spread Hedging: Accounting for time-varying volatility spillovers in the energy futures markets [J]. Journal of Applied Econometrics, 2002, 17 (3): 269-289.

[143] HAMAO Y, MASULIS R W, VICTOR N. Correlations in price changes and volatility across international stock markets [J]. The Review of Financial Studies, 1990, 3 (2): 281-307.

[144] HAMILTON J D. Analysis of time series subject to changes in regime [J]. Journal of Econometrics, 1990 (45): 39-70.

[145] HE L, FAN Y, WEI Y. Impact of speculator's expectations of returns and time scales of investment on crude oil price behaviors [J]. Energy Economics, 2009, 31 (1): 77-84.

[146] HONG Y. A test for volatility spillover with application to exchange rates [J]. Journal of Econometrics, 2001, 103 (1): 183-224.

[147] HOON K S, RON M, MIN Y S. Shunsuke Managi. Dynamic spillover effects among crude oil, precious metal, and agricultural commodity futures markets [J]. Energy Economics, 2016 (62): 19-32.

[148] HSIAO C Y L, LIN W, WEI X, et al. The impact of international oil prices on the stock price fluctuations of China's renewable energy enterprises [J]. Energies, 2019, 12 (24): 4630.

[149] HUMPHREYS D. The great metals boom: Aretrospective [J]. Re-

sources Policy, 2010, 35 (1): 1-13.

[150] IBRAHIMOV M, MURADASILOVA J. Crude oil price security: how crude oil price is formed? [J]. International Journal of e-Education, e-Business, e-Management and e-Learning, 2012, 2 (4): 339.

[151] KABBIRI R, DORA M, ELEPU G. A global perspective of food market integration: A review [J]. Agrekon, 2016, 55 (1-2): 62-80.

[152] KAKADE K A, MISHRA A K. The impact of macroeconomic and oil shocks on india's non-ferrous metal prices: a structural-VAR approach [J]. Applied Econometrics, 2021, (63): 30-50.

[153] KANAS A. Volatility spillovers between stock returns and exchange rate changes: international evidence [J]. Journal of Business Finance & Accounting, 2000, 27 (3-4): 447-467.

[154] KARALI B, RAMIREZ O A. Macro determinants of volatility and volatility spillover in energy markets [J]. Energy Economics, 2014 (46): 413-421.

[155] KAUR P, SINGH J. Price formation in Indian gold market: analysing the role of gold exchange traded funds (ETFs) against spot and futures markets [J]. IIMB Management Review, 2020, 32 (1): 59-74.

[156] KOUTMOS G. Asymmetric volatility transmission in international stock markets [J]. Journal of International Money and Finance, 1995, 14 (6): 747-762.

[157] LAOPODIS N T. Asymmetric volatility spillovers in deutsche mark exchange rates [J]. Journal of Multinational Financial Management, 1998, 8 (4): 413-430.

[158] LI Q, CHENG K, YANG X. Response pattern of stock returns to international oil price shocks: from the perspective of China's oil industrial chain [J]. Applied Energy, 2017 (185): 1821-1831.

[159] LI Y, ZHUANG X, WANG J, et al. Spatial linkage of volatility spillovers and its explanation across China's interregional stock markets: a network approach [J]. Applied Economics Letters, 2020, 28 (8): 1-7.

[160] LIN B, XU B. How to effectively stabilize China's commodity price fluctuations? [J]. Energy Economics, 2019 (84): 104544.

[161] LIU Z, DING Z, LI R, et al. Research on differences of spillover effects between international crude oil price and stock markets in China and America [J]. Natural Hazards, 2017, 88 (1): 575-590.

[162] LOMBARDI M J, ROBAYS I V. Do financial investors destabilize the oil price? [R]. European Central Bank, 2011: 1-40.

[163] MAGNANI N, VAONA A. Regional spillover effects of renewable energy generation in Italy [J]. Energy Policy, 2013 (56): 663-671.

[164] MANKOWSKA M, PLUCINSKI M, KOTOWSA I, et al. Seaports during the COVID-19 pandemic: the terminal operator's tactical responses to disruptions in maritime supply chains [J]. Energies, 2021, 14 (14): 4339.

[165] MARSHALL A. Principles of economics [M]. London: Mcmillan, 1890.

[166] MCNEW K. Spatial market integration: definition, theory, and evidence [J]. Agricultural and Resource Economics Review, 1996, 25 (1): 1-11.

[167] MENSI W, BELJID M, BOUBAKER A, et al. Shunsuke managi. Correlations and volatility spillovers across commodity and stock markets: linking energies, food, and gold [J]. Economic Modelling, 2013 (32): 15-22.

[168] MENSI W, REHMAN M U, VO X V. Dynamic frequency relationships and volatility spillovers in natural gas, crude oil, gas oil, gasoline, and heating oil markets: Implications for portfolio management [J]. Resources Policy, 2021 (73): 102172.

[169] MI N, LIU D, QIAO N, et al. Situation analysis on the price formation mechanism of new energy in China [C]. In IOP Conference Series: Earth and Environmental Science, 2020, 603 (1): 012006.

[170] NARASIMHA P T, JENA P R, MAJHI R, et al. Impact of COVID-19 on the Indian seaport transportation and maritime supply chain [J]. Transport Policy, 2021 (110): 191-203.

[171] NG A. Volatility spillover effects from Japan and the US to the Pacific-Basin [J]. Journal of International Money and Finance, 2000, 19 (2): 207-233.

[172] NIE P Y, YANG Y C. Effects of energy price fluctuations on industries with energy inputs: an application to China [J]. Applied Energy, 2016 (165): 329-334.

[173] PAK A, ADEGBOYE O A, ADEKUNLE A I, et al. Economic consequences of the COVID-19 outbreak: the need for epidemic preparedness [J]. Frontiers in Public Health, 2020 (8): 241.

[174] PENG J, LI Z, DRAKEFORD B M. Dynamic characteristics of crude oil price fluctuation—from the perspective of crude oil price influence mechanism [J]. Energies, 2020, 13 (17): 4465.

[175] PIGOU A C, ASLANBEIGUI N. The economics of welfare [M]. Routledge, 2002.

[176] PINDYCK R S, RUBINFELD D L. Microeconomics [M]. Pearson Education, 2014.

[177] REBOREDO J C, UGOLINI A. Price spillovers between rare earth stocks and financial markets [J]. Resources Policy, 2020 (66): 101647.

[178] REZITIS A. Mean and volatility spillover effects in Greek producer-consumer meat prices [J]. Applied Economics Letters, 2003, 10 (6): 381-384.

[179] SIMS C A. Macroeconomics and reality [J]. Econometrica: journal of the Econometric Society, 1980, 48 (1): 1-48.

[180] SO R W. Price and volatility spillovers between interest rate and exchange value of the US dollar [J]. Global Finance Journal, 2001, 12 (1): 95-107.

[181] SOLA M, SPAGNOLO F, SPAGNOLO N. A test for volatility spillovers [J]. Economics Letters, 2002, 76 (1): 77-84.

[182] SUSMEL R, ENGLE R F. Hourly volatility spillovers between international equity markets [J]. Pergamon, 1994, 13 (1): 3-25.

[183] TAGHIZADEH-HESARY F, KOBAYASHI Y, RASOULINEZHAD E. Oil price fluctuations and oil consuming sectors: an empirical analysis of Japan [J]. Economics and Policy of Energy and Environment, 2016 (2): 33-51.

[184] TANG K, XIONG W. Index investment and the financialization of commodities [J]. Financial Analyst Journal, 2012 (68): 712-754.

[185] TSE Y. Price discovery and volatility spillovers in the DJIA index and futures markets [J]. Journal of Futures Markets, 1999, 19 (8): 911-930.

[186] TSE Y, BOOTH G G. Common volatility and volatility spillovers between U. S. and Eurodollar interest rates: evidence from the futures market [J]. Journal of Economics and Business, 1996, 48 (3): 299-312.

[187] UMAR Z, JAREñO F, ESCRIBANO A. Oil price shocks and the return and volatility spillover between industrial and precious metals [J]. Energy Economics, 2021 (99): 105291.

[188] U. S. Geological Survey. Mineral Commodity Summaries 2021 [R/OL]. https: //www. usgs. gov/centers/nmic/mineral-commodity-summaries.

[189] VAN DE VEN P, HEGDE N, MASSOULIÉ L, et al. Optimal control of residential energy storage under price fluctuations [C]. In Proceedings of the 1st International Conference on Smart Grids, Green Communications and IT

Energy-Aware Technologies, 2011, Venice, Italy.

[190] WANG H, LI S. Asymmetric volatility spillovers between crude oil and China's financial markets [J]. Energy, 2021 (233): 121168.

[191] WANG J, WANG J. Forecasting energy market indices with recurrent neural networks: Case study of crude oil price fluctuations [J]. Energy, 2016 (102): 365-374.

[192] WEIGT H, HIRSCHHAUSEN V C. Price formation and market power in the German wholesale electricity market in 2006 [J]. Energy Policy, 2008, 37 (11): 4227-4234.

[193] WEN F, CAO J, LIU Z, et al. Dynamic volatility spillovers and investment strategies between the Chinese stock market and commodity markets [J]. International Review of Financial Analysis, 2021 (76): 101772.

[194] WEN Q, CHEN Y, HONG J, et al. Spillover effect of technological innovation on CO_2 emissions in China's construction industry [J]. Building and Environment, 2020 (171): 106653.

[195] YAN L. Analysis of the international oil price fluctuations and its influencing factors [J]. American Journal of Industrial and Business Management, 2012, 2 (2): 39-46.

[196] YANG Y, LIU C, SUN X, et al. Spillover effect of international crude oil market on tanker market [J]. International Journal of Global Energy Issues, 2015, 38 (4-6): 257-277.

[197] YIP P S, BROOKS R, DO H X, et al. Dynamic volatility spillover effects between oil and agricultural products [J]. International Review of Financial Analysis, 2020 (69): 101465.

[198] YOUSEFI A, WIRJANTO T S. The empirical role of the exchange rate on the crude-oil price formation [J]. Energy Economics, 2004, 26 (5): 783-799.

[199] YOUSEFI A, WIRJANTO T S. A stylized exchange rate pass-through model of crude oil price formation [J]. OPEC review, 2005, 29 (3): 177-197.

[200] YU L, LI J, TANG L. Dynamic volatility spillover effect analysis between carbon market and crude oil market: a DCC-ICSS approach [J]. International Journal of Global Energy Issues, 2015, 38 (4-6): 242-256.

[201] ZENG S, JIA J, SU B, et al. The volatility spillover effect of the European Union (EU) carbon financial market [J]. Journal of Cleaner Production, 2021 (282): 124394.

[202] ZHANG B, WANG P. Return and volatility spillovers between china and world oil markets [J]. Economic Modelling, 2014 (42): 413-420.

[203] ZHANG C, DUAN R. August. Price-forming mechanism and price-fixing model of electricity price based on demand side [C]. In 2005 IEEE/PES Transmission & Distribution Conference & Exposition: Asia and Pacific, 2005, IEEE: 1-3.

[204] ZHAO L, GUO S, MIAO J, et al. How does internet information affect oil price fluctuations? Evidence from the hot degree of market [J]. Discrete Dynamics in Nature and Society, 2020 (2020): 5903057.

[205] ZHOU W, GU Q, CHEN J. From volatility spillover to risk spread: An empirical study focuses on renewable energy markets [J]. Renewable Energy, 2021 (180): 329-342.